铁路钢轨折断典型案例分析与警示

《铁路钢轨折断典型案例分析与警示》编委会　编

中国铁道出版社有限公司

2021年·北　京

内 容 简 介

本书从钢轨基本知识、钢轨防断知识出发，以应急处置过程、线路设备及探伤检查情况、原因分析、警示为重点，大量运用现场病害案例和图片，较为完整地阐述了铁路钢轨折断的相关知识及处置情况。

本书图文并茂，贴近现场实际，适用于铁路工务系统技术人员、一线职工，以及供高等职业院校相关专业学习参考。

图书在版编目(CIP)数据

铁路钢轨折断典型案例分析与警示/《铁路钢轨折断典型案例分析与警示》编委会主编. —北京：中国铁道出版社有限公司，2021.5

ISBN 978-7-113-27921-9

Ⅰ.①铁…　Ⅱ.①铁…　Ⅲ.①钢轨-断裂-案例　Ⅳ.①U213.4

中国版本图书馆CIP数据核字(2021)第076903号

书　　名：**铁路钢轨折断典型案例分析与警示**
作　　者：《铁路钢轨折断典型案例分析与警示》编委会

策　　划：邱金帅
责任编辑：邱金帅　　　**编辑部电话**：(010)51873347
封面设计：高博越
责任校对：苗　丹
责任印制：高春晓

出版发行：中国铁道出版社有限公司(100054，北京市西城区右安门西街8号)
网　　址：http://www.tdpress.com
印　　刷：北京柏力行彩印有限公司
版　　次：2021年5月第1版　2021年5月第1次印刷
开　　本：700 mm×1 000 mm 1/16　**印张**：13　**字数**：210千
书　　号：ISBN 978-7-113-27921-9
定　　价：58.00元

编　委　会

前　言

铁路安全是铁路运输的永恒主题。钢轨是轨道结构主要组成部分,直接承受列车荷载并引导车轮前进,所以运营线上钢轨状态是否良好将直接影响列车运行的安全与平稳。钢轨防断是工务部门重点工作之一,探伤班组作为钢轨"检查医生",如何准确判定钢轨伤损,从而不出现漏判、错判;线路班组作为线路"主治医生",如何从线路日常保养和手工巡查中确保钢轨没有伤损,或能够在第一时间发现钢轨伤损,或当发生钢轨折断时能够迅速处置,从而保证行车安全,这些都是防断工作的关键环节,至关重要。本书通过编写从2007—2019年十余年内发生的钢轨折断典型案例,警示目的有以下几点:一是前事不忘,后事之师,通过典型事故案例宣传教育,使广大职工进一步树立安全发展理念,强化人民群众生命财产的责任意识;二是患生于所忽,祸起于细微,从典型案例中吸取教训,提高线路工、探伤工、焊接工的业务技能,做到现场作业标准化、作业步骤规范化;三是通过典型案例提高干部管理及自身业务素质,做到安全管理规范化,检查整治常态化;四是提高职工及干部应急处置能力,减少钢轨折断对行车的干扰和影响。

本书从钢轨基本知识、钢轨防断知识及钢轨折断案例三方面入手,大量运用典型案例、图片,通过对案例进行深层次剖析,从中得到警示,既为工务应急处置培训提供一本指导性的教科书,又能给现场钢轨折断处置提供一本指导性的作业指导书。在本书编写过程中得到了中国铁路广州局集团有限公司工务部检测所汤文峰、娄底工务段刘小锋、海口综合维修段黄北川等大力支持和帮助，在此深表感谢。由于编者水平有限，在编写过程中难免有不正之处，敬请读者提出宝贵意见。

编　者

2020 年 12 月

目　　录

第一章　钢轨及钢轨防断知识

第一节　钢轨基本知识

一、钢轨作用、类型及长度

1. 钢轨作用

钢轨是轨道主要组成部件，其功用在于引导机车车辆的车轮前进，直接承受来自车轮和其他方面的各种力，且传递给轨下基础，并为车轮滚动提供连续平顺和阻力最小的表面。在电气化铁路或自动闭塞区段，钢轨还可兼供轨道电路之用。

2. 钢轨类型

(1)根据钢轨的化学成分，可分为碳素轨和合金轨。

①碳素轨：以碳、锰元素来提高强度，改善韧性，如我国的 U74、U71Mn 等；钢加锰含量小于 1.40%，无其他合金元素加入。

②合金轨：以碳素轨为基础，添加适量合金元素，如钒、钛、铬、钼等，来提高钢轨的强度和韧性；一般有微合金钢轨和低合金钢轨等。

(2)按交货状态，可分为热轧钢轨和热处理钢轨。

不论钢轨强度多少，凡是以热轧状态交货，均称之为热轧钢轨。热处理钢轨依其工艺条件可分为离线热处理钢轨(钢轨轧制冷却后再重新加热)和在线热处理钢轨(利用轧制余热对其进行热处理，不再二次加热)，按热处理钢轨中化学成分的不同又可分为碳素热处理钢轨、微合金热处理钢轨和低合金热处理钢轨。

(3)按钢轨的最低抗拉强度(从轨头部位取样)，可分为 780 MP(如欧洲 EN220)、880 MPa(如欧洲 EN260、EN260Mn、UIC900A，中国 U71Mn 等)、980 MPa(如美国 AREMA 普通钢轨，中国 U75V、U77MnCr 热轧轨)、1 080 MPa(如欧洲 EN320Cr 合金钢轨，日本 HH340 在线热处理钢轨，中国 U78CrV)、1 180 MPa(如日本 HH370 在线热处理钢轨，欧洲 EN350HT、EN350LHT 在线热处理钢轨，中国 U75V 在线热处理钢轨)和 1 200～1 300 MPa(微合金或

低合金热处理钢轨，如中国 U78CrV 在线热处理钢轨等）钢轨。一般强度为 1 080 MPa及以上的钢轨被称为耐磨轨或高强轨。

(4)按使用条件和质量要求，可分为标准轨、焊接轨、曲线轨、短尺轨和工业轨。

①标准轨：钢轨为定尺长度、标准加工（孔轨、轨端淬火，有的钢号不要求淬火），直接用于线路铺设。

②焊接轨：定尺或非定尺钢轨，无孔不淬火，用于焊接长轨。

③曲线轨：特殊长度钢轨，用于曲线线路铺设；曲线轨长度分为 12.46 m，12.42 m，12.38 m，24.96 m，24.92 m，12.84 m。

④短尺轨：钢轨长度不符合标准长度，但符合标准中规定的短尺相关规定的 9 m，9.5 m，11 m，11.5 m，12 m，21 m，22 m，23 m，24 m，24.5 m 钢轨。

⑤工业轨：凡不符合现行钢轨标准要求，但符合“工业轨”标准要求的钢轨。

我国铁路标准钢轨有 75 kg/m、60 kg/m、50 kg/m、43 kg/m、38 kg/m 等。线路上的钢轨类型应与运量、允许速度和轴重相适应，其选择根据运输条件综合考虑。在技术上，要能保证足够的强度、韧性、耐磨性和稳定性；在经济上，要能保证合理的大修周期，减少养护维修工作量。决定钢轨质量的主要因素：一是钢轨质量与机车车辆轴重必须匹配，轮轴比一般在 2.75 以上较为合理，钢轨质量提高要与轴重增加相适应；二是在一定的行车速度条件下，车轮对钢轨的冲击作用、轨道各部件及道床振动加速度和钢轨质量成反比，要提高行车速度，又要保证良好的线路质量，就必须提高钢轨质量；三是年通过总质量愈大，愈容易引起轨道部件的疲劳折损，加剧轨道几何位置的变化，为此必须根据年通过总质量合理选用与之匹配的钢轨，这样才不致影响钢轨使用寿命、缩短线路大修换轨周期。

3. 钢轨长度

(1)钢轨的标准定尺长度为

43 kg/m 钢轨：12.5 m，25 m；

50 kg/m、60 kg/m 钢轨：12.5 m，25 m，100 m；

75 kg/m 钢轨：25 m，75 m，100 m。

(2)曲线缩短轨长度为

12.5 m 钢轨：12.46 m，12.42 m，12.38 m；

25 m 钢轨：24.96 m，24.92 m，24.84 m。

(3)钢轨生产中会产生短尺轨，为避免浪费，允许搭配一定数量的短尺轨，但不应大于一批订货总质量的 10%，短尺轨长度为

12.5 m 钢轨：9 m，9.5 m，11 m，11.5 m，12 m；

25 m 钢轨：21 m，22 m，23 m，24 m，24.5 m；

75 m 钢轨：71 m，72 m，73 m，74 m；

100 m 钢轨：95 m，96 m，97 m，199 m。

由于长定尺钢轨具有无探伤盲区、端头平直度好、焊接接头少等优点，百米定尺钢轨近年来得到了广泛的推广使用。

二、钢轨断面形状和尺寸

在直线地段，钢轨所受的力主要是竖直力，其结果是使钢轨产生挠曲。由于钢轨被视为支承在连续弹性基础上的无限长梁，而梁抵抗挠曲的最佳断面形式为工字形。因此，钢轨采用工字形断面，由轨头、轨腰和轨底三部分组成。其断面尺寸应满足下列要求：

(1)钢轨头部是直接和车轮接触的部分，为改善轮轨接触条件，提高其抵抗压陷和耐磨的能力，轨头宜大而厚，具有和轮箍踏面相适应的外形，并具有足够的面积，以备磨耗。

(2)为使钢轨有较大的承载能力和抗弯能力，钢轨腰部必须有足够的厚度和高度，轨腰的两侧或为直线或为曲线，而以曲线为最常用。

(3)钢轨底部直接支承在轨枕顶面上，为保持钢轨稳定，轨底应有足够的厚度和宽度，并有必要的刚度和抵抗锈蚀的能力。轨底顶面的斜坡可为单坡和折线坡。

钢轨的头部顶面宽(b)、轨腰厚(t)、轨身高(H)及轨底宽(B)是钢轨的四个主要参数，它们的面积分配应根据各方面条件综合考虑，选择一个最适当的比例。目前的几种主要钢轨标准断面和轨端侧面尺寸见图 1-1 和表 1-1。

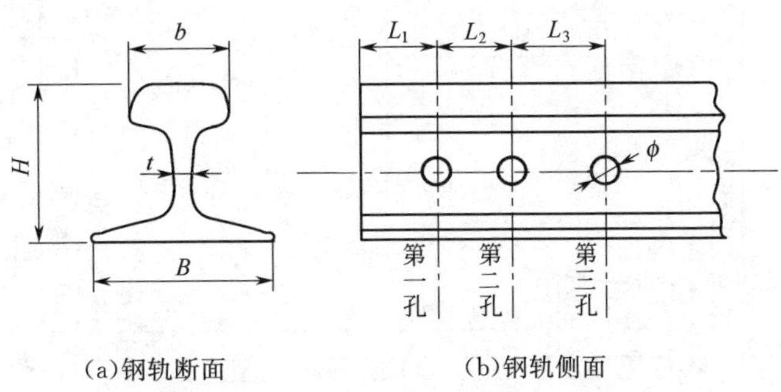

(a)钢轨断面　　(b)钢轨侧面

图 1-1　钢轨断面及侧面图

表 1-1　钢轨截面各部尺寸

项　　目	钢轨类型(kg/m)			
	43	50	60	75
每米钢轨质量 m(kg)	44.653	51.514	60.64	74.414
钢轨高度 H(mm)	140	152	176	192
轨头宽度 b(mm)	70	70	73	75
轨底宽度 B(mm)	114	132	150	150
轨腹厚度 t(mm)	14.5	15.5	16.5	20
螺栓孔直径 ϕ(mm)	29	31	31	31
轨端至 1 孔中心距 L_1(mm)	56	66	76	96
1 孔至 2 孔中心距 L_2(mm)	110	150	140	220
2 孔至 3 孔中心距 L_3(mm)	160	140	140	130
截面积(cm^2)	57	65.8	77.45	95.04
钢轨长(m)	$\frac{12.5}{25}$	$\frac{12.5}{25}$	$\frac{12.5}{25}$	25

60 kg/m 钢轨、AT 钢轨断面尺寸如图 1-2 和图 1-3 所示。

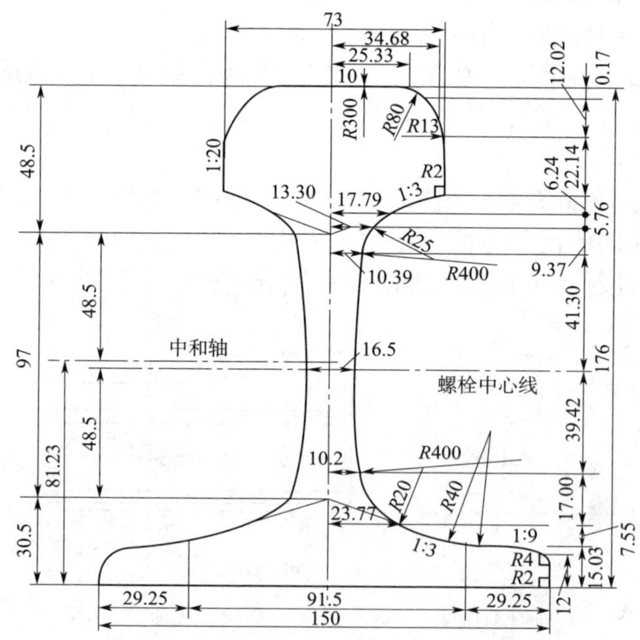

图 1-2　60 kg/m 钢轨断面(单位:mm)

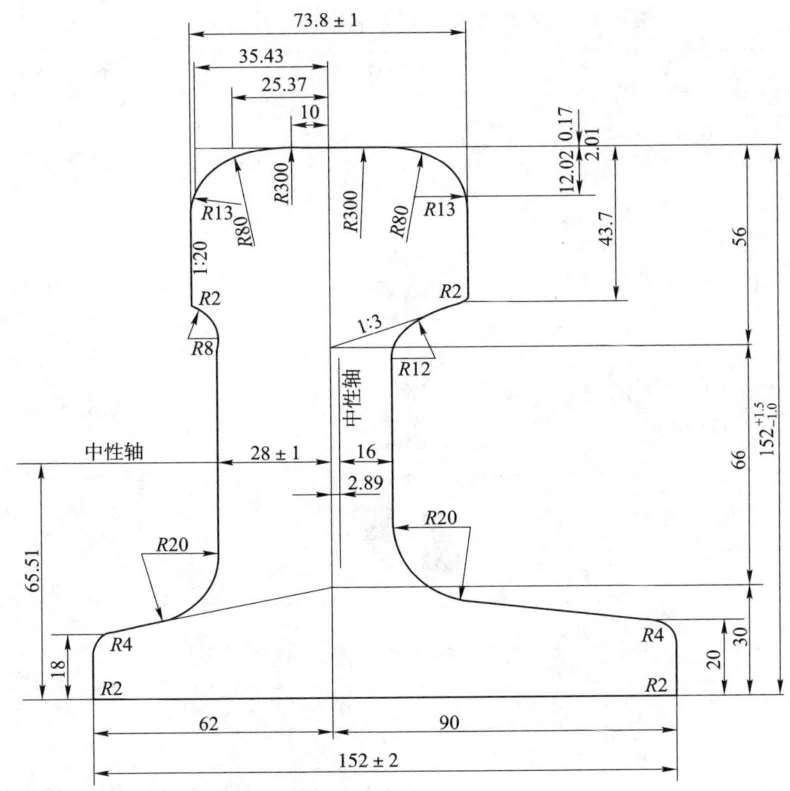

图 1-3　AT 钢轨断面(单位:mm)

三、钢轨标志及含义

钢轨出厂时应有制造厂标、钢轨类型、钢种符号、钢轨制造年月、熔炼号、品级号等标志,了解和掌握钢轨标志的内涵,可为今后有针对性地进行钢轨探伤、分析伤损形成原因和发展方向提供依据。

1. 国内外钢轨生产厂家名称代号及炉罐号含义

钢轨标志一般轧制于钢轨一侧轨腰上,有两种类型,一种是辊轧凸字,字体凸出于轨腰表面;另一种为热轧凹字,字体凹陷在轨腰表面以下。

(1)国产钢轨生产厂家名称、代号(辊轧凸字)见表 1-2。

(2)国产钢轨炉罐号含义(热轧凹字)见表 1-3。

表 1-2　国产钢轨生产厂家名称、代号(辊轧凸字)

序号	厂　　名	厂　　标	主要生产钢种
1	攀钢集团有限公司	PZH	U71Mn、PD_1、PD_2、PD_3
2	鞍山钢铁集团有限公司		AP_1、U71Mn
3	中国宝武钢铁集团有限公司		WP_1、WP_2
4	包头钢铁(集团)有限责任公司		P75、U74

表 1-3　国产钢轨炉罐号含义(热轧凹字)

序号	厂　名	炉罐号及含义
1	攀钢集团有限公司	P 09 2 15026 2 3 A P—攀钢代号;09—2009 年生产;2—第 2 号转炉;15026—第 15026 炉钢;2—连铸机第 2 流;3—第 3 支钢坯;A—第 1 根钢轨(钢轨分切号,一个铸坯轧成钢轨后根据定尺要求再次分切的顺序,用英文表示,从 A 向 Z 顺序编号)
2	鞍山钢铁集团有限公司	4 2053 3 5 B 4—第 4 号转炉;2053—第 2053 炉钢(超过一万炉时;第一位编号为 A);3—连铸机第 3 流;5—第 5 支钢坯;B—第 2 根钢轨(钢轨分切号)
3	中国宝武钢铁集团有限公司	A 9 4 1304 B 03 025 C A—武钢厂代号;9—2009 年(年号均用 1 位表示);4—第 4 号转炉;1304—第 1304 炉钢(超过一万炉时;第一位编号为 Y);B—连铸机第 B 流;03—第 3 支钢坯;025—轧制顺序为第 025 号;C—第 3 根钢轨(钢轨分切号)
4	包头钢铁(集团)有限责任公司	09 1 25361 1 22 D △ 09—2009 年;1—第 1 号转炉;25361—第 25361 炉钢;1—连铸机第 1 流;32—第 32 支钢坯; D—第 4 根钢轨(百米轨无分切号,25 m 轨从 A 向 Z 顺序编号);△—乙班作业

(3)进口钢轨生产厂家名称代号(辊轧凸字)见表 1-4。

表 1-4　进口钢轨生产厂家名称代号(辊轧凸字)

序号	国　别	厂名(厂标或代号)	汉译厂名	附　注
1	奥地利	DO	奥钢联(多纳维吹厂)	50U 普钢轨
2	日　本	NKK	钢管厂	50N 普钢轨
3	日　本	◇S(NSC)	新日铁公司	50N 普钢轨
4	法　国	HY	海洋什厂	50F 普钢轨
5	卢森堡	MR	奥唐什厂	50F 普碳轨
6	德　国	THYSSEN	蒂森厂	43G 普碳轨
7	英　国	BRITISHSTEEL	英钢联公司	60B 全淬轨
8	澳大利亚	BHP	布罗希尔厂	50S 全淬轨
9	津巴布韦	ⓩ	津斯柯篦厂	50Z 铬合金轨
10	法　国	MR(厂址在卢森堡)	奥唐什厂	60F 全淬轨
11	日　本	NIPPON NTEEL ◇S	日钢联公司	60N 全淬轨油浸全长
12	加拿大	SYDNEY	悉　尼	50cAR 合金轨
13	西班牙	ENS	埃沙蒂违	50xAR 合金轨

(4)进口钢轨炉罐号含义(热轧凹字)见表 1-5。

表 1-5　进口钢轨炉罐号含义(热轧凹字)

序号	国　别	厂　名	轨　型 (kg/m)	炉罐号及含义
1	澳大利亚	BHP	50	05678　12　F　U75 05678—本年度熔炼号;12—12 号钢锭;F—第 6 根钢轨; U75—平均含碳量为 0.75%级别(或钢号)的钢轨
2	德　国	THYSSEN	43	1　2　2　1011 1—1 号连铸坯;2—第 2 个坯段;2—第 2 根钢轨;1011—熔炼号
3	德　国	THYSSEN	60	4586　A　15 4586—熔炼号;A—钢轨号;15—钢坯号
4	法　国	HY	50	C71　C4567　B　6　10 C71—平均含碳量为 0.71%;C4567—熔炼号;B—第 2 根钢轨; 6—6 号连铸坯;10—第 10 个坯段

续上表

序号	国　别	厂　名	轨　型 (kg/m)	炉罐号及含义
5	法　国 (卢森堡)	MR	50	52391　A　5　09 52391—熔炼号；A—第 1 根钢轨；5—5 号连铸坯； 09—第 9 坯段
			60 (淬火轨)	49　A　15 49—热处理号；A—第 A(B、C)坯段；15—15 号连铸坯
6	津巴布韦	Z	50	AR　0012345　06　A AR—合金钢；0012345—熔炼号；06—第 6 号钢锭； A—第 1 根钢轨
7	英　国	BRITISH STEEL	60	1234　58　A　U78 1234—熔炼号；58—58 号连铸坯；A—第 1 根钢轨； U78—平均含碳量为 0.78%级别(或钢号)的钢轨
8	日　本	NKK	50	3　1　03　C4567　C71 3—第 3 根钢轨；1—第 1 号连铸坯；03—第 3 个坯段； C4567—熔炼号；C71—平均含碳量为 0.71%
9	日　本	NSC	60	4　3　L　T09702　C78 4—第 4 根钢轨；3—第 3 号连铸坯；L—第 12 个坯段； T09702—熔炼号；C78— 平均含碳量为 0.78%
10	西班牙	ENS	50	1～3　　1～5　　1～6　　456789 钢轨号　钢坯号　坯段号　熔炼号
11	加拿大	SYDNEY	50	34500　　P…S　　1，2，3…　　12(L) 熔炼号　钢轨号　坯段号　连铸坯号
12	奥地利	DO	50	233　A(Z)　3　2 233—熔炼号；A(Z)—第 1(最后)根钢轨；3—第 3 个坯段； 2—第 2 号连铸坯
13	乌克兰	A	65	V　66　P65　A　293 V—亚速冶金厂；66—1966 年生产；P65—65 kg/m 钢轨； A—A 号炉；293—熔炼号
14	俄罗斯	K	65	K　M76B　P293　Cn123 K—库兹列茨厂；M76B—钢号；P293—熔炼号； Cn123—钢轨号

2. 炼钢炉、炼钢工艺、钢种及热处理标志含义

(1)炼钢炉种类及炼钢工艺代号含义(辊轧凸字)见表 1-6。

表 1-6　炼钢炉种类及炼钢工艺代号含义（辊轧凸字）

序号	标志字母	字 母 含 义
1	LD	转炉吹氧，如奥地利、日本、德国产普通碳素轨
2	LDVT	转炉吹氧、真空处理，如英国、日本产全长热处理轨
3	LDCB	转炉复合吹氧，如澳大利亚产全长热处理轨
4	EAVT	电弧炉、真空处理，如津巴布韦产铬合金轨
5	OLP	转炉吹氧，如法国产普通碳素钢
6	OLPVT	转炉吹氧、真空处理，如法国产全长热处理轨
7	PL	平炉铝脱氧，如中国鞍钢产 50 kg/m 普通碳素轨
8	“→”	连铸坯段头部方向

(2)钢种、炉种代号及生产时间含义(辊轧凸字)见表 1-7。

表 1-7　钢种、炉种代号及生产时间含义（辊轧凸字）

内　容	代　号	含　　义
钢　种	U	中国钢轨钢
	P	苏联钢轨钢
炼钢炉种类	P	中国平炉
	D	中国顶吹转炉
	M	苏联平炉
	Б	苏联转炉
	OH	美国平炉
	OA	美国转炉
	E	美国、津巴布韦电弧炉
钢　号	AP_1、U71Mn	中国平均含碳量为 0.71%的中锰钢
	P74、U74	中国平均含碳量为 0.74%的碳素钢
	WP_1	武钢(现宝武)含铜碳素钢
	WP_2	武钢(现宝武)含铜高硅钢
	PD_1	攀钢残余钒钛钢
	PD_2	攀钢中锰全长淬火轨
	PD_3	攀钢高碳微钒轨

续上表

内 容	代 号	含 义
钢 号	U75、U78	平均含碳量0.75%、0.78%级别的进口钢轨钢
	AR	进口合金钢轨钢
	CR	进口铬合金钢轨钢
生产时间	9 2 Ⅺ	92—1992年，Ⅺ—11月
	1992 Ⅳ	1992 —1992年，Ⅳ—4月

（3）热处理（淬火）工艺代号含义（辊轧凸字或热轧凹字）见表1-8。

表1-8 热处理（淬火）**工艺代号含义**（辊轧凸字或热轧凹字）

序号	标志字母	含 义
1	EH	轨端淬火
2	SQ	全长缓慢淬火，如攀钢 PD_2 轨及澳大利亚全淬轨
3	NHH	全长缓慢淬火，如日本钢管厂全淬轨
4	DHH	全长余热淬火，如日本新日铁全淬轨
5	THH	全长余热淬火，如日本钢管厂全淬轨
6	CHHR	全长余热淬火，如法国、卢森堡全淬轨
7	MHH	微合金轨全长淬火，如法国此类全淬轨
8	SHH	普通碳素轨全长淬火，如法国此类全淬轨
9	HT	全长余热淬火，如英钢联全淬轨
10	QT	淬火回火工艺
11	HSH、HR	头部热处理，如奥钢联强韧化轨

（4）国内各厂淬火轨标记见表1-9。

表1-9 国内各厂淬火轨标记

序号	单位名称	打印标记（统一编号）
1	攀钢集团有限公司	PD_2-SQ，PD_3 轨底涂绿色
2	呼和浩特局工务工厂	HHC
3	北京局保定工务器材厂	BBC
4	郑州局郑州工务机械厂	ZZC
5	上海局工务工厂	SHC

续上表

序号	单位名称	打印标记(统一编号)
6	成都局成都焊轨厂	CDC
7	广州局衡阳机械厂	GHC
8	铁科院钢轨热处理中心	TKC
9	物资公司鞍山工务器材厂	ASC
10	瓦房店铁路工务器材厂	WFC

四、钢轨生产过程工艺

钢轨制造应采用平炉、氧气转炉冶炼的镇静钢制造,为保证钢轨没有缩孔和有害的偏析,相当于钢锭头、尾的钢坯应进行充分切除,并应采用使钢轨中不产生白点的生产工艺。目前,世界上主要采用长流程和短流程两种生产钢轨的工艺。

1. 钢轨长流程工艺

以矿石为原料,经高炉、转炉冶炼,再经炉外精炼、真空脱气、连铸机铸成一定尺寸的钢坯等 14 道工序(表 1-10)来完成钢轨的制造。

表 1-10　钢轨生产的长流程工艺

序号	项　目	内　　容
1	冶炼	通过高炉和转炉冶炼出铁水
2	精炼	吹氧化钙(CaO)粉进行铁水预脱硫(S),吹氧(O)降低磷(P)和其他夹杂物
3	脱气	真空脱气处理控制钢中含氢(H)量,调整成分,降低非金属夹杂物含量
4	浇铸	用模铸法或连铸法铸成一定尺寸的钢锭或钢坯
5	加热	将钢锭或钢坯加热到轧制温度 1 320 ℃
6	开坯	形成钢轨雏形(仅用于钢锭)
7	轧制	通过万能轧机,经粗轧、中轧、精轧成钢轨成品
8	打印	用轮式打印机在热状态下,在钢轨轨腰打上炉罐号等
9	锯切	成品钢轨在热状态下由热锯按要求锯成一定长度的钢轨
10	冷却	在步进式冷床上按要求降低钢轨温度达到 50 ℃左右
11	矫直	在矫直机上进行矫直,矫直方法有压力矫直、辊式矫直、拉伸矫直
12	探伤	用涡流探伤方法检查钢轨表面缺陷,用超声波探伤方法检查钢轨内部缺陷
13	检测	使用线性扫描相机和激光测距仪,对成品钢轨进行外观尺寸检查
14	加工	根据要求对钢轨进行铣头和钻孔

2. 钢轨短流程工艺

以废钢为主要原料，经电炉粗炼，LF 炉精炼，VD 炉脱气后送连铸机铸成所需尺寸的钢坯，其后部工艺与长流程工艺第 5～14 道工序相同。

随着连铸技术的进步，自动化检测和控制技术的结合，钢轨生产工艺采用连铸异形坯，直接送万能轧机轧制，使钢轨制造工艺流程会更短，生产效率和钢轨质量会更高。

五、钢轨化学成分和机械性能

(一)钢轨化学成分

钢轨的组织与性能，主要取决于它的化学成分。合适的化学成分是保证钢轨质量、提高钢轨机械性能的主要因素之一，而钢材冶金过程中难以除去的有害元素，又对钢材性能产生不良的影响，表 1-11 是钢轨中除铁以外的主要化学元素和作用。

表 1-11　钢轨中除铁以外的主要化学元素和作用

序号	元素	作 用 和 含 量
1	碳(C)	可以提高钢轨的强度、硬度和耐磨性。国产钢轨含碳量在 0.65%～0.82%，但钢中含碳量偏高，钢质变脆，其塑性指数会显著降低，同时还会增加钢中产生白点的机会
2	硅(Si)	易与氧(O)化合，能起到除去钢中气泡的作用。钢中含有适量的硅，能提高钢的硬度和耐磨性。国产钢轨钢含硅量一般为 0.15%～0.90%，但含量过多，会使钢质硬而脆，容易在焊缝中产生气孔、夹渣
3	锰(Mn)	属有益元素，可提高钢的强度和耐磨性，增加钢的韧性。它可以除去钢内有害氧化铁和硫化夹杂物，其锰含量一般控制在 0.60%～1.54%之间，含锰量超过 1.20%的钢称为中锰钢，它的抗磨性很高
4	铜(Cu)	属有益元素，钢中含有少量的铜化合物，可提高钢的抗疲劳和耐腐蚀性能。国产钢轨含铜量一般在 0.10%～0.40%之间。如果含铜轨的轧制工艺不良，在钢轨表面会产生鱼鳞状开裂
5	磷(P)	属有害元素，磷化物的最大危害是降低钢的塑性和韧性，特别在低温条件下，钢的冷脆性增大，易导致断轨，其含量控制在不大于 0.04%
6	硫(S)	属有害元素，硫化物常以颗粒状残留于钢中，在钢轨轧制时与钢一起被压延成片状，造成钢轨内分层或纵向裂纹，其含量控制在不大于 0.05%

为了进一步改善钢轨的机械性能，冶金部门开发了微合金轨，即在碳素钢中加入铬(Cr)可提高钢的强度、硬度、耐磨性、淬透性和耐磨蚀性；加入钒(V)

可提高钢的强度、耐磨性和淬透性，改善钢的塑性和韧性；加入钛（Ti）可细化钢的晶粒，提高强度，改善韧性；加入稀土可细化有害的非金属杂质的粒径，改善钢的耐磨性和韧性。

（二）钢轨机械性能

1. 强度

强度是指钢轨在荷载作用下，抵抗变形和破坏的能力，常以强度极限、屈服极限等指标来表示。强度极限（抗拉强度）是指金属材料抵抗拉伸荷载作用而不至破坏的最大应力，用σ_b表示；屈服极限（屈服强度）是指金属材料在荷载不增加的情况下，仍能产生明显塑性变形时的应力，用σ_s表示，它们的单位为兆帕（MPa）。

2. 塑性

塑性是指金属材料在荷载作用下，产生显著的变形而不致破坏，并在荷载取消后，仍能保持变形后的形状，常以伸长率和断面收缩率等指标来表示。伸长率是试样拉断后，标定长度的伸长量与原始标定长度之比值的百分点，用δ表示；断面收缩率是试样断口面积的缩减量与原截面积之比值的百分数，用ψ表示。

3. 硬度

硬度是指金属材料抵抗另一种更硬物体（材料）压入其表面的能力。根据测定方法的不同，可分为布氏硬度（HB）和洛氏硬度（HRC）等。

实践证明，硬度和强度之间有一定对应关系，可以根据布氏硬度值近似地换算出该材料的抗拉强度值，如低碳钢$\sigma_b \approx 0.36\text{HB}$，高碳钢$\sigma_b \approx 0.34\text{HB}$。

4. 韧性

韧性是指金属材料抵抗冲击荷载作用而不致破坏的能力。金属材料韧性的好坏，可通过冲击试验测定，用冲击韧性值σ_k表示，单位为千焦耳每平方米（kJ/m^2）。

5. 疲劳

疲劳是指在交变荷载的作用下，材料发生断裂的现象。金属材料抵抗疲劳的能力，用疲劳强度来衡量。疲劳强度就是金属材料在无数次重复的交变荷载作用下，而不致破坏的最大应力，用σ_{-1}表示。碳素钢的疲劳强度与抗拉强度之间的近似关系为

$$\sigma_{-1} = (0.4 \sim 0.55)\sigma_b$$

（三）钢轨化学成分和机械性能规定

部分国家对钢轨化学成分和机械性能的规定见表 1-12。

表 1-12　部分国家对钢轨化学成分和机械性能的规定

国别	钢种	机械性质		轨型 (kg/m)	化学成分(%)						附注
		σ_b (MPa)	δ_5 (%)		C	Si	Mn	P	S	H	
中国	U71Mn	≥882	8	50	0.65～0.77	0.15～0.35	1.10～1.50	≤0.040	≤0.040		普通轨 GB 2585
奥地利	U71Mn	≥980	≥10	50	0.67～0.77	0.60～0.80	1.25～1.50	≤0.030	≤0.030	$\leqslant 1.0\times10^{-6}$	合同规定
日本	U71Mn	≥911	≥10	50	0.65～0.77	0.15～0.30	1.10～1.45	≤0.040	≤0.040	$\leqslant 1.5\times10^{-6}$	合同规定
法国	U71Mn	≥911	≥10	50	0.63～0.77	0.15～0.30	1.10～1.45	≤0.025	≤0.030	$\leqslant 1.5\times10^{-6}$	合同规定
德国	U71Mn	≥931	≥10	43	0.65～0.77	0.10～0.35	1.15～1.50	≤0.040	≤0.040	$\leqslant 1.5\times10^{-6}$	合同规定
中国	PD_2-SQ	≥1 176	≥12	50	0.74～0.82	0.15～0.35	0.70～1.00	≤0.040	≤0.040		全长淬火轨(两部协议)
澳大利亚	U75-SQ	≥1 180 (实测)	≥13.5	50	0.78	0.25	0.90	0.023	0.016		全长淬火轨(合同规定)
英国	U78-HT	≥1 176	≥10	60	0.74～0.82	0.15～0.50	0.70～1.0	≤0.030	≤0.030		全长淬火轨(合同规定)
日本	NHH	≥1 176	≥12	60	0.74～0.82	0.15～0.35	0.70～1.0	≤0.030	≤0.030	$\leqslant 1.5\times10^{-6}$	全长淬火轨(合同规定)
津巴布韦	AR (含金轨)	≥1 080	≥10	50	0.67～0.82	0.30～0.90	0.90～1.30	≤0.03	≤0.03	$\leqslant 1.5\times10^{-6}$	c_r=0.8%～1.3%
法国	U78 CHHR	≥1 175	≥11	60	0.74～0.82	0.15～0.35	0.70～1.00	≤0.03	0.025	$\leqslant 1.5\times10^{-6}$	全长淬火轨(合同规定)
中国	PD_3	≥980	≥8	60	0.72～0.82	0.65～0.90	0.75～1.05	<0.04	<0.04	(V)0.05%～0.12%	高碳微钒(企业标准)
苏联	M76	≥900	≥6.3	65	0.71～0.82	0.18～0.40	0.75～1.05	≤0.035	≤0.045		ГОСТ 24182
中国	PD_3-SQ	≥1 275	≥11	60	0.72～0.82	0.65～0.90	0.75～1.05	<0.04	<0.04	(V)0.05%～0.12%	企业标准

第二节　钢轨伤损及防断

钢轨伤损是指钢轨在使用过程中发生钢轨折断、钢轨裂纹以及其他影响和限制钢轨使用性能的伤损。钢轨伤损分为轻伤、重伤和折断三类。

一、普速铁路钢轨伤损标准

1. 钢轨轻伤、重伤标准

钢轨轻伤和重伤标准及钢轨头部磨耗轻伤和重伤标准见表 1-13～表 1-15。探伤人员、线路(检查)工长认为钢轨有伤损时，也可判为轻伤或重伤。

2. 钢轨折断标准

钢轨折断是指发生下列情况之一者：

(1)钢轨全截面断裂。

(2)裂纹贯通整个轨头截面。

(3)裂纹贯通整个轨底截面。

(4)允许速度不大于 160 km/h 区段钢轨顶面上有长度大于 50 mm 且深度大于 10 mm 的掉块，允许速度大于 160 km/h 区段钢轨顶面上有长度大于 30 mm 且深度大于 5 mm 的掉块。

3. 接头夹板伤损标准

接头夹板伤损达到下列标准，应及时更换：

(1)折断。

(2)中间两螺栓孔范围内裂纹：正线、到发线有裂纹；其他站线平直及异型夹板超过 5 mm，双头及鱼尾型夹板超过 15 mm。

(3)其他部位裂纹发展到螺栓孔。

(4)胶接绝缘夹板性能不良。

二、高速铁路钢轨伤损标准

1. 钢轨伤损形式

钢轨伤损形式主要有轨头磨耗、轨头剥离裂纹及掉块、轨顶面擦伤、波形磨耗、表面裂纹、内部裂纹和锈蚀等。

钢轨伤损按程度分为轻伤、重伤和折断三类。

表 1-13　普速铁路钢轨轻伤和重伤标准

伤损项目	伤损程度						备　注
	轻　伤			重　伤			
	v_{max}>160 km/h	160 km/h≥v_{max}>120 km/h	v_{max}≤120 km/h	v_{max}>160 km/h	160 km/h≥v_{max}>120 km/h	v_{max}≤120 km/h	
钢轨头部磨耗	磨耗量超过表 1-14 所列限度之一者			磨耗量超过 1-15 所列限度之一者			
轨端或轨顶面剥落掉块	长度超过 15 mm 且深度超过 3 mm	长度超过 15 mm 且深度超过 3 mm	长度超过 15 mm 且深度超过 4 mm	长度超过 25 mm 且深度超过 3 mm	长度超过 25 mm 且深度超过 3 mm	长度超过 30 mm 且深度超过 8 mm	
钢轨顶面擦伤	深度超过 0.5 mm	深度超过 0.5 mm	深度超过 1 mm	深度超过 1 mm	深度超过 1 mm	深度超过 2 mm	
钢轨低头	超过 1 mm	超过 1.5 mm	超过 3 mm	超过 1.5 mm	超过 2.5 mm	超过 3.5 mm	用 1 m 直尺测量最低处矢度，包括轨端轨顶面压伤和磨耗在内
波浪形磨耗	谷深超过 0.3 mm	谷深超过 0.3 mm	谷深超过 0.5 mm	—	—	—	
钢轨表面裂纹	—	—	—	有	有	有	包括螺孔裂纹、轨头下颚水平裂纹（透锈）、轨腰水平裂纹、轨头纵向裂纹、轨底裂纹等（不含轮轨接触疲劳引起轨顶面表面或近表面的鱼鳞裂纹）
钢轨内部裂纹	—	—	—	有	有	有	包括核伤（黑核、白核）、钢轨纵向裂纹等
钢轨变形	—	—	—	有	有	有	轨头扩大、轨腰扭曲或鼓包等，经判断确认内部有暗裂
钢轨锈蚀	—	—	—	经除锈后，轨底厚度不足 8 mm 或轨腰厚度不足 14 mm		经除锈后，轨底厚度不足 5 mm 或轨腰厚度不足 8 mm	

表 1-14　普速铁路钢轨头部磨耗轻伤标准

钢轨(kg/m)	总磨耗(mm)				垂直磨耗(mm)				侧面磨耗(mm)			
	$v_{max}>$160 km/h 正线	160 km/h≥$v_{max}>$120 km/h 正线	$v_{max}\leq$120 km/h 正线及到发线	其他站线	$v_{max}>$160 km/h 正线	160 km/h≥$v_{max}>$120 km/h 正线	$v_{max}\leq$120 km/h 正线及到发线	其他站线	$v_{max}>$160 km/h 正线及到发线	160 km/h≥$v_{max}>$120 km/h	$v_{max}\leq$120 km/h 正线及到发线	其他站线
75	9	12	16	18	8	9	10	11	10	12	16	18
75 以下～60	9	12	14	16	8	9	9	10	10	12	14	16
60 以下～50	—	—	12	14	—	—	8	9	—	—	12	14
50 以下～43	—	—	10	12	—	—	7	8	—	—	10	12
43 以下	—	—	9	10	—	—	7	7	—	—	9	11

注:①总磨耗=垂直磨耗+1/2 侧面磨耗。
②垂直磨耗在钢轨顶面宽 1/3 处(距标准工作边)测量。
③侧面磨耗在钢轨踏面(按标准断面)下 16 mm 处测量。

表 1-15　普速铁路钢轨头部磨耗重伤标准

钢轨(kg/m)	垂直磨耗(mm)			侧面磨耗(mm)		
	$v_{max}>$160 km/h 正线	160 km/h≥$v_{max}>$120 km/h 正线	$v_{max}\leq$120 km/h 正线、到发线及其他站线	$v_{max}>$160 km/h 正线	160 km/h≥$v_{max}>$120 km/h 正线	$v_{max}\leq$120 km/h 正线、到发线及其他站线
75	10	11	12	12	16	21
75 以下～60	10	11	11	12	16	19
60 以下～50	—	—	10	—	—	17
50 以下～43	—	—	9	—	—	15
43 以下	—	—	8	—	—	13

2. 钢轨轻伤、重伤标准

钢轨轻伤和重伤评判标准及钢轨头部磨耗轻伤和重伤标准见表 1-16～表 1-18。

表 1-16　高速铁路钢轨轻伤和重伤评判标准

伤损项目		伤损程度		备　　注
		轻　　伤	重　　伤	
钢轨头部磨耗		磨耗量超过表 1-17 所列限度之一者	磨耗量超过表 1-18 所列限度之一者	
轨顶面擦伤		200～250 km/h:深度大于 0.5 mm	200～250 km/h:深度大于 1 mm	
		250(不含)～350 km/h:深度大于 0.35 mm	250(不含)～350 km/h:深度大于 0.5 mm	
剥离掉块		—	有	
波形磨耗		—	谷深≥0.2 mm	
焊接接头低塌		0.2 mm＜低塌＜0.4 mm	低塌≥0.4 mm	1 m 直尺测量
钢轨表面裂纹		—	出现轨头下颚水平裂纹(透锈)、轨腰水平裂纹、轨头纵向裂纹、轨底裂纹等	不含轮轨接触疲劳引起轨顶面表面或近表面的鱼鳞裂纹
超声波探伤缺陷	焊接及材质缺陷	焊接缺陷或钢轨内部材质缺陷未达到判废标准,但与判废标准差值小于 6 dB	焊接缺陷或钢轨内部材质缺陷达到判废标准	
	内部裂纹	—	横向、纵向、斜向及其他裂纹和内部裂纹造成的踏面凹陷(隐伤)	
钢轨锈蚀		—	经除锈后,轨底厚度不足 8 mm 或轨腰厚度不足 12 mm	

注:谷深为相邻波峰与波谷间的垂直距离。

表 1-17　高速铁路钢轨头部磨耗轻伤标准

名　　称	总磨耗(mm)	垂直磨耗(mm)	侧面磨耗(mm)
区间钢轨、导轨	9	8	10
基本轨、翼轨	7	6	8
尖轨、心轨、叉跟尖轨	6	4	6

注:①总磨耗＝垂直磨耗＋1/2 侧面磨耗。

②对于导轨、翼轨及尖轨、心轨、叉跟尖轨全断面区段,垂直磨耗在钢轨顶面宽 1/3 处(距标准工作边)测量;对于尖轨、心轨、叉跟尖轨机加工区段,垂直磨耗自轨头最高点测量。

③侧面磨耗在钢轨踏面(按标准断面)下 16 mm 处测量。

④磨耗影响转换设备安装时,按重伤处理。

⑤基本轨、翼轨、尖轨、心轨磨耗会影响密帖及轨件高差,磨耗的轻重伤标准应较区间钢轨严格。

表 1-18　高速铁路钢轨头部磨耗重伤标准

名　　称	垂直磨耗(mm)	侧面磨耗(mm)
区间钢轨、导轨	10	12
基本轨、翼轨	8	10
尖轨、心轨、叉跟尖轨	6	8

3. 钢轨折断标准

钢轨折断是指发生下列情况之一者：

(1)钢轨全截面断裂。

(2)裂纹贯通整个轨头截面。

(3)裂纹贯通整个轨底截面。

(4)钢轨顶面上有长度大于 30 mm 且深度大于 5 mm 的掉块。

三、钢轨伤损检查与管理

1. 普速铁路

(1)钢轨探伤检查应实行定期检查制度，依据年通过总质量、轨型、季节及钢轨的实际状态等条件合理确定钢轨探伤周期，冬季探伤间隔时间应短于夏季。

①正线线路和道岔(钢轨伸缩调节器)的钢轨探伤周期见表 1-19。

表 1-19　普速铁路正线线路和道岔(钢轨伸缩调节器)的钢轨探伤周期

年通总质量(Mt)	年探伤遍数		
	75 kg/m、60 kg/m 钢轨	50 kg/m 钢轨	43 kg/m 及以下钢轨
$W_{年}\geqslant 80$	10		
$80>W_{年}\geqslant 50$	8	10	
$50>W_{年}\geqslant 25$	7	8	9
$25>W_{年}\geqslant 8$	6	7	8
$W_{年}<8$	5	6	7

到发线线路和道岔的钢轨每年探伤检查不少于 4 遍。

其他站线、段管线、岔线的线路和道岔钢轨每半年探伤检查不少于 1 遍。

②下列重点地段应根据线路、钢轨的实际状态适当增加探伤遍数，具体办

法由铁路局集团公司规定。

a. 在桥梁上、隧道内、小半径曲线、大坡道及钢轨状态不良地段。

b. 伤轨数量出现异常，连续两个探伤周期内都发现疲劳伤损（如核伤、鱼鳞伤损、螺孔裂纹、水平裂纹等）地段。

c. 超过大修周期地段、钢轨与运量不匹配地段。

③对无缝线路和道岔、钢轨伸缩调节器钢轨的现场焊缝除按规定周期探伤外，还应使用焊缝探伤仪进行全断面探伤，现场闪光焊、数控气压焊焊缝每两年检查不少于 1 遍，铝热焊焊缝每半年检查不少于 1 遍。

（2）中国国家铁路集团有限公司钢轨探伤车检查中发现问题，应及时向有关单位发出通知，并按规定向中国国家铁路集团有限公司提报月度（或年度）检测、运用报告。

铁路局集团公司钢轨探伤车检查中发现问题，应立即通知工务段处理，检查后向有关单位通报检查结果，并按规定向中国国家铁路集团有限公司提报月度（或年度）检测、运用报告。

（3）钢轨外观及表面伤损检查。

①采用巡检设备与人工巡查相结合的方式对钢轨外观进行检查。人工巡查可结合线路设备静态检查和巡检进行。发现钢轨擦伤、剥离裂纹、波磨、锈蚀及其他伤损时，应及时进行复核并处理。

②对发生磨耗的钢轨、道岔、钢轨伸缩调节器等，每年对磨耗检查不少于 1 遍。对磨耗接近重伤的钢轨、磨耗接近轻伤的道岔和钢轨伸缩调节器，每季检查不少于 1 遍。

③对正线钢轨现场焊接焊缝表面质量及平直度，每年检查不少于 1 遍；对低塌达到轻伤的焊接接头，每季度检查不少于 1 遍。

④对发生波磨的钢轨，每季度检查不少于 1 遍。

⑤应对钢轨外观及表面伤损检查结果做好记录。

（4）线路上的伤损钢轨应作标记，见表 1-20。

（5）发现重伤钢轨应立即通知线路车间和工务段安全生产调度指挥中心。

工务段每月应分析钢轨探伤周期兑现和钢轨伤损情况并报铁路局集团公司。

表 1-20　普速铁路钢轨伤损标记

伤损种类	伤损范围及标记		说　明
	连续伤损	一点伤损	
轻　伤	|←△→|	↑△	用白色油漆作标记
重　伤	|←△△△→|	↑△△△	用白色油漆作标记

2. 高速铁路

钢轨检查分探伤和外观及表面伤损检查。

1)钢轨探伤。

(1)应采用以探伤车为主、探伤仪为辅的方式对正线钢轨进行周期性探伤,探伤车检查发现的伤损应采用探伤仪进行复核。

(2)应采用探伤仪对焊接接头、站线、道岔(包括尖轨和心轨变截面部分)、钢轨伸缩调节器(含尖轨变截面部分)及其前后 60 m 钢轨进行周期性探伤。

(3)探伤周期。

①使用探伤车对正线钢轨每年检查不少于 7 遍,冬季应适当缩短检查周期;使用钢轨探伤仪对正线钢轨每年检查 1 遍;使用钢轨探伤仪对到发线钢轨每年检查 4 遍,其他站线每年检查 1 遍。冬季可适当缩短探伤周期。

②使用钢轨探伤仪对正线道岔及钢轨伸缩调节器的钢轨每月检查 1 遍,对到发线道岔每年检查 4 遍,其他站线道岔每年检查 1 遍。

③对正线无缝线路和道岔、钢轨伸缩调节器钢轨的焊缝还应使用焊缝探伤仪进行全断面探伤,厂焊焊缝每 5 年检查 1 遍;现场闪光焊焊缝每年检查 1 遍,铝热焊焊缝每半年检查 1 遍。

(4)钢轨探伤判定。

钢轨探伤评判分轻伤和重伤两种。

①钢轨探伤检查有下列情况之一,即判为轻伤:

a. 材质缺陷虽未达到相关技术条件规定的钢轨报废程度,但与判废标准规定值相差不超过 6 dB。

b. 焊接缺陷虽未达到《工务作业　第 21 部分:钢轨焊缝超声波探伤作业》(TB/T 2658.21)规定的焊缝报废程度,但与判废标准规定值相差不超过 6 dB。

②钢轨探伤检查有下列情况之一,即判为重伤:

a. 在规定的探伤灵敏度下发现疲劳裂纹。

b.达到或超过相关技术条件规定的钢轨报废程度的内部材质缺陷。

c.达到或超过《工务作业　第21部分:钢轨焊缝超声波探伤作业》(TB/T 2658.21)规定的焊缝报废程度的焊接缺陷。

(5)中国国家铁路集团有限公司基础设施检测中心探伤车检查情况应及时通知有关单位,铁路局集团公司探伤车检查情况应及时通知工务段。

2)钢轨外观及表面伤损检查。

(1)应采用巡检设备与人工巡视相结合的方式对钢轨外观进行检查。人工巡视检查每年不少于1遍。发现钢轨擦伤、鱼鳞裂纹、磨耗、锈蚀及其他伤损时,应进行复核。

(2)对磨耗达到轻伤的钢轨、道岔及钢轨伸缩调节器,应使用钢轨轮廓(磨耗)测量仪每季度至少检查1遍。

(3)对剥离裂纹、表面裂纹和擦伤,每季度检查1遍,必要时进行涡流和磁粉探伤。

涡流探伤主要用于曲线区段钢轨表面及近表面缺陷,特别是表面斜裂纹检查。

磁粉探伤主要用于焊后焊接接头及道岔钢轨表面及近表面缺陷检查。道岔磁粉探伤主要部位是尖轨全长的轨顶面、轨腰外侧面和轨底上表面;心轨的轨顶面以及高锰钢铸造翼轨的轨顶面和轨腰外侧面。磁粉探伤方法依据《无损检测　磁粉检测　第1部分:总则》(GB/T 15822.1—2005)进行。

(4)对正线钢轨现场焊焊缝平直度,应使用钢轨平直度测量仪每年至少检查1遍,对低塌达到轻伤的焊接接头,每季度至少检查1遍。

(5)应对钢轨外观及表面伤损检查结果做好记录。

3)检查发现钢轨折断或重伤,应立即通知线路车间和工务段调度。钢轨折断应立即封锁线路并处理;钢轨重伤应立即限速不超过160 km/h并处理,处理方法按相关规定执行。

4)工务段每月应将钢轨外观及表面伤损检查和钢轨探伤情况报铁路局集团公司。铁路局集团公司应每月汇总分析后报中国国家铁路集团有限公司,报告含伤损钢轨月报。

5)伤损钢轨管理。

(1)线路上伤损钢轨应按表1-21所示作标记。

(2)对伤损钢轨应加强检查,并判定伤损发展情况。

表 1-21　高速铁路伤损钢轨标记

伤损种类	伤损范围及标记		说　明
	连续伤损	一点伤损	
轻　伤	|←△→|	↑△	用白铅油作标记
轻伤有发展	|←△△→|	↑△△	用白铅油作标记
重　伤	|←△△△→|	↑△△△	用白铅油作标记

(3)下道的重伤钢轨应严格管理,防止重伤钢轨重新上道。

6)钢轨探伤信息管理。

(1)钢轨伤损信息管理

①铁路局集团公司应健全、完善伤损钢轨数据库,并建立伤损钢轨计算机统计分析系统。

②工务段应建立健全台账和报表,定期进行钢轨伤损分析。

③钢轨探伤检测单位应制定钢轨探伤进度示意图、钢轨伤损分析管理图、探伤工作日志、钢轨伤损记录簿和重伤钢轨登记簿。

④钢轨探伤检测单位应建立探伤数据回放制度,对探伤车和数字式探伤仪检测数据应进行二次回放分析。

⑤中国国家铁路集团有限公司基础设施检测中心、铁路局集团公司应向中国国家铁路集团有限公司提报月度和年度探伤检测分析报告。

(2)探伤设备信息管理

①应建立健全钢轨探伤设备和器材台账。

②探伤仪检修及复验后测试结果应进行记录和备案。

四、钢轨病害整治限度

1. 普速铁路

普速铁路应做好钢轨养护维修工作,预防和整治钢轨病害,延长钢轨使用寿命。轨面光带不良时应检测廓形并按照设计廓形进行打磨。当钢轨出现表 1-22的病害时,应及时处理。对轨面擦伤、鱼鳞裂纹、钢轨肥边、马鞍形磨耗等应及时打磨,对轨端剥落掉块应及时进行焊补,加强对接头错牙、硬弯等病害的处理,并结合更换道砟、垫砟等方法,综合整治钢轨接头病害。应有计划地采用钢轨打(铣)磨列车进行预防性打磨、修理性打磨(或铣磨)。

表 1-22　普速铁路钢轨病害整治限度

钢轨病害	v_{max}>120 km/h	v_{max}≤120 km/h	测量方法
钢轨接头顶面或内侧错牙(mm)	>1	>2	直尺测量
工作边或轨端肥边(mm)	>1	>2	
擦伤或剥落掉块、钢轨低头	接近或达到轻伤	接近或达到轻伤	
硬　弯(mm)	>0.3	>0.5	1 m 直尺测量矢度
焊缝凹陷(mm)	>0.3	>0.5	
钢轨母材轨顶面凹陷或接头马鞍形磨耗(mm)	>0.3	>0.5	
波浪形磨耗	达到轻伤	达到轻伤	

曲线地段应根据钢轨状况合理安排润滑，易锈蚀地段宜采用耐锈蚀钢轨或在钢轨上涂抹防锈剂。

普通线路和无缝线路缓冲区的重伤和折断钢轨应及时更换。换下的重伤和折断钢轨应有明显的标记，防止再用。无缝线路钢轨重伤和折断，应按《普速铁路线路修理规则》第 4.8.10 条的规定处理。

2. 高速铁路

(1)为预防和整治钢轨病害，改善轮轨匹配关系，延长钢轨使用寿命，应做好钢轨修理工作。

(2)当钢轨出现表 1-23 所列表面轻伤及其他表面伤损时，应及时进行修复，或采用无损加固处理。

表 1-23　高速铁路钢轨病害整治限度

钢轨病害	限　度		测量方法
	200～250 km/h	250(不含)～350 km/h	
钢轨肥边	>1 mm	>0.8 mm	直尺、深度尺测量
轨顶面擦伤	深度大于 0.5 mm	深度大于 0.35 mm	
硬　弯	>0.3 mm	>0.2 mm	1 m 直尺测量矢度
焊缝(接头)轨顶面低塌或马鞍型磨耗	>0.3 mm	>0.2 mm	
波形磨耗	钢轨表面有周期性波磨且平均谷深超过 0.04 mm(车载检测)或最大谷深达到 0.08 mm(手工检测)，波长不大于 300 mm	钢轨表面有周期性波磨且平均谷深超过 0.04 mm(车载检测)或最大谷深达到 0.08 mm(手工检测)，波长不大于 300 mm	测试精度 0.01 mm 及以上，且测试长度不小于采样窗长度

续上表

钢轨病害	限　　度		测量方法
	200～250 km/h	250(不含)～350 km/h	
表面局部微细疲劳裂纹(鱼鳞纹)	肉眼可见	肉眼可见	目　视
尖轨扭转、硬弯、尖轨磨耗、心轨磨耗造成光带异常并影响行车稳定性时	尖轨相对基本轨降低值偏差超过 1 mm 且车体横向、垂向加速度三级偏差	尖轨相对基本轨降低值偏差超过 1 mm 且车体横向、垂向加速度三级偏差	人工及综合检测列车

(3)当发现钢轨内部轻伤有发展时，应采用无损加固处理。

(4)伤损加固时，应尽量使伤损部位处于夹板中部，严禁夹板与焊筋接触。

(5)钢轨钻孔位置应在螺栓孔中心线上，且必须倒棱。两螺栓孔净距不得小于大孔径的 2 倍。其他专业需在钢轨上钻孔或加装设备时，必须经铁路局集团公司同意并委托工务部门施工。

(6)严禁焊补钢轨，严禁使用火焰切割钢轨或烧孔，严禁使用剁子和其他工具强行截断钢轨及冲孔，严禁锤击轨底。

五、钢轨伤损特征和形成机理

钢轨伤损从其宏观特征与形成机理分类，可分为核伤、螺孔裂纹、水平裂纹、纵向裂纹、擦伤裂纹和焊接接头伤损等。

1. 核伤

钢轨核伤又称黑核或白核，多数发生在钢轨轨头内，是轨头横断面裂纹，表现了典型的疲劳特征，危害性极大。

当核伤面积占轨头 5%～10%时，静力强度只有正常钢轨的 16%～40%；当核伤面积占轨头 10%～15%时，疲劳强度将下降 90%以上；当核伤面积发展到轨头截面的 20%～30%(相当于直径 21～40 mm)时，将发生断轨。

根据我国的运输特点和轨道条件，钢轨核伤主要是接触疲劳形成的。钢轨轮轨接触面反复承受轮轨接触应力和摩擦力作用，形成了以塑性变形、疲劳磨耗、疲劳裂纹(表面疲劳裂纹和内部疲劳裂纹)三者共存，相互影响或制约为特征的接触疲劳伤损现象。钢轨的使用条件、钢轨的性能和质量都明显影响或控制塑性变形程度、疲劳磨耗速率及疲劳核伤的萌生部位和扩展速率。接触疲劳核伤按其形成机理有以下几种形式。

(1)纵横裂型核伤:是钢轨轨头内部疲劳裂纹,其特点是当裂纹发展到较大面积或发展到快速扩展阶段时,裂纹才会发展到轨头表面,造成断轨。

(2)轨面塑性变形形成的核伤:轮轨接触面表层金属发生塑性变形使钢轨断面的几何形貌发生变化,表现为轨头踏面压宽、碾边、垂直磨耗和侧面磨耗。

(3)轨面剥离形成的核伤:钢轨表面的塑性变形达到一定深度时,会在钢轨作用边(特别是在曲线上股)出现程度不同的鱼鳞状裂纹和剥离掉块。这种鱼鳞状剥离裂纹的裂纹方向与行车方向一致,一般与轨面水平夹角为15°左右。在小半径曲线上,车辆的振动、蛇行摆动及轮轨黏着和蠕动现象更为明显,轮轨接触应力更大,轨面的塑性变形可达2 mm以上,剥离裂纹的深度和剥离掉块也在2 mm左右。钢轨踏面表层或亚表层存在非金属夹杂物时,将会加速剥离裂纹的萌生和扩展,剥离掉块的深度可达4～5 mm。剥离裂纹和剥离坑底部的残余裂纹有可能向深度方向疲劳扩展,导致形成轨头横向疲劳核伤。

(4)擦伤或焊补形成的核伤:在长大坡道、信号机前后线路上,列车爬行、制动、起动,轮轨剧烈摩擦,使钢轨踏面表层产生淬火马氏体金相组织,马氏体组织高硬度低强度的机械性能决定了它在轮轨接触应力作用下的金属破碎,产生龟裂和剥离。剥离裂纹的尖端极有可能成为疲劳源,扩展成轨头核伤。

轨面擦伤、剥离掉块后的焊补修理,因焊面打磨清理不干净或焊补工艺掌握不当,常在焊补层下形成水平核伤造成轨头大掉块或横向疲劳核伤导致断轨。

2.螺孔裂纹

在弯曲应力作用下,钢轨螺孔的周边应力是指水平和垂直方向的剪应力及这两方向的合力的主应力。螺孔周边应力是螺孔产生裂纹的受力条件,同时螺孔周围的非金属夹杂物材质缺陷,接头夹板连接上下受力的不合理结构,孔壁不倒棱、毛刺,孔位高低差或接头扭矩不足,钢轨串动造成螺杆与孔壁受力,以及在养护维修不当接头错牙、大轨缝、低扣、空吊、道床板结等使接头区域附加动力加剧,都是螺孔裂纹萌生和发展不可忽视的重要因素。

实际发生的螺孔裂纹的裂纹方向一般呈水平37°角。统计表明,第一孔裂纹居多(占77.2%),并发现迎列车端螺孔裂纹发生的频率更高。

3. 水平裂纹和纵向裂纹

钢轨的水平裂纹和纵向裂纹是指沿钢轨纵向水平状和垂直状的裂纹。水平裂纹发生的部位一般在轨腰近中和轴处，部分发生在轨头下颚处；纵向裂纹是呈钢轨中心线的劈裂。早期水平裂纹、纵向裂纹的产生是由于钢轨钢在冶炼过程中产生的严重偏析、非金属夹杂物，在轧制过程中沿轧制方向延展而成的。钢轨在运营过程中所受到的偏心荷载、水平力、弯曲应力的复合作用也加速了水平裂纹源的形成和扩展。

4. 焊缝伤损

焊缝伤损是在焊缝处(包括热影响区)的伤损，一般的焊缝伤损是钢轨在焊接中留下的原始缺陷发展而成。目前我国的无缝线路焊接方法有接触焊、气压焊和铝热焊三种。接触焊和气压焊是通过加热、熔化、顶锻、塑变及再结晶工艺过程将钢轨焊接而成。两者的不同之处，一个是电加热，另一个是氧乙炔火焰加热，它们都是锻造型焊接工艺。铝热焊工艺是根据铝和铁还原反应产生的热量使焊接填充金属材料和两端钢轨熔化、融合、再结晶的过程，它是一种铸造型焊接工艺。焊接工艺不同，所产生的伤损也不同。

铝热焊的主要伤损有夹渣、气孔、缩孔、疏松、未焊透和裂纹等，接触焊的主要伤损有灰斑、裂纹、烧伤等，气压焊的伤损主要有光斑、过烧、未焊透等。这些焊接缺陷不同程度地降低了焊缝的机械性能，也是运营过程中产生早期疲劳裂纹的裂纹源。

六、钢轨防断

(一)指导思想

钢轨防断必须贯彻“预防为主，全面防断”的指导思想。钢轨防断工作不仅仅局限于钢轨伤损的检查、监视、处理过程，还应把钢轨防断工作延伸到整个工务设备大修、维修领域，延伸到钢轨全寿命质量控制过程。

(二)工作体系

“全员、全过程、全方位、全天候”的钢轨防断管理标准化体系，要求把钢轨防断工作贯彻于养护维修、新轨焊接、新线验交、大修铺轨、钢轨焊修及伤轨检查、监视、处理等各个环节。在抓住干线、正线、到发线、道岔、曲线、桥梁、隧道及铝热焊接头、绝缘接头、异型接头等设备防断重点的同时，不放过支线、其他站线和冷线的钢轨防断工作；在突出寒冷季节防断的同时，其他季节也不松懈;逐步建立起良性工作循环,使钢轨防断工作始终处在整体受控状态。

1. 注重线路养护维修质量,改善钢轨受力条件

长期的线路养护维修生产实践经验证明,线路养护质量的好坏直接影响着钢轨的使用寿命。质量良好、平顺的线路可以明显地改善钢轨的受力条件,可以推迟钢轨伤损的发生,减缓钢轨伤损发展。在线路养护维修工作中,铁路局集团公司、工务段应特别注重以下几个方面:

(1)线路维修要坚持钢轨接头打磨、道床轮筛、全起全捣“三大程序”,通过维修作业使道床的弹性得以改善,使线路从结构到轨面经常保持在均衡、良好状态,坚持大型机械维修作业和安排好钢轨打磨车的打磨工作,确保线路维修作业质量和消除引起钢轨受力严重不良的钢轨不平顺振动源。

(2)注重轨道结构的养护,控制轨枕的连三失效,特别应加强接头养护,消灭轨端肥边,及时处理空吊板和翻浆冒泥,保持接头和扣件扭力矩,控制大轨缝,有缝线路应保持轨缝均匀,25 m钢轨地段做到在(T_z+30 ℃)~(T_z−30 ℃)范围内无大轨缝,无缝线路地段应控制线路爬行。

(3)在日常养护工作中,应抓轨道几何状态控制,建立、健全控制制度和动静态检查、控制及信息反馈体系,及时消灭超限处所,确保轨面平顺。

(4)无缝线路地段,应做到锁定轨温准确和明确。高温轨条和锁定轨温不明轨条,应在冬季前完成应力放散,降低钢轨应力水平,最大限度地预防冬季焊缝及钢轨断裂。

(5)严禁在钢轨上用钢锯锯、剁子剁痕标示曲线正矢点、道岔矢距点等及钢轨非规定范围内钻眼等严重影响钢轨受力、导致钢轨断裂的有害作业。

2. 合理安排大修周期,提高轨道结构强度

按照钢轨防断系统管理要求,合理、及时地进行线路大修,更换疲劳钢轨,根据运输强度的需求恢复或提高钢轨强度性能是钢轨防断全过程中最根本、最重要的环节。它的工作重点是两个方面:一是合理安排大修周期,二是提高大修施工线路质量。

(1)把握钢轨状态,合理安排大修周期

衡量钢轨疲劳、进行换轨大修的标准有三条:一是累计通过总质量达到修理规则规定的标准;二是累计通过总质量虽未达到规定大修周期的成段钢轨,但60 kg/m及以下钢轨每公里重伤数量达到2~4处(含焊接和胶接绝缘接头伤损)、75 kg/m钢轨每公里重伤数量达到4~6处(不含焊接和胶接绝缘接头

伤损），应及时更换钢轨；三是对出现严重锈蚀、严重滚动接触疲劳以及其他影响钢轨安全使用的情况时，应及时更换钢轨。因此，工务部门各管理层应认真做好钢轨伤损的统计分析工作，掌握钢轨状态，合理提出线路大修的建议，合理安排好线路大修计划。

（2）严格各工序质量把关，提高大修施工线路质量

线路大修换轨是全过程防断的第一关，这一关的钢轨质量、焊接质量、施工质量把得好坏将影响钢轨上道后的使用寿命。

工厂焊接、胶接、整修等钢轨加工阶段应对原材料质量、加工工艺及工艺过程中的质量进行检验。

线路大修施工阶段应加强对现场焊接、钢轨（包括其他配件）的质量检验及线路大修施工的质量保证。

3.加大探伤力度，增强伤损钢轨检测能力

（1）强化管理，深化安优活动。

（2）完善作业标准，强化自我控制。

（3）加强仪器检修，确保探测质量。

（4）加大探伤力度，狠抓薄弱环节。

①以轨道结构、运输强度为依据制定各等级线路的探伤周期标准，并规定对疲劳钢轨（按大修标准）、新轨地段增加检查遍数，缩短探伤周期的具体要求。应确保重点地段、重点处所的检查遍数。

②科学地查定探伤仪器和人员的配备标准。

③有计划地组织探伤仪器的更新，做到统一计划、统一机型、统一采购、统一管理。

④实施对重点地段探伤的控制。每年入冬前，从工务段到铁路局集团公司根据管辖内钢轨状态，研究、制定和落实局控重点地段和探伤检查方案，有重点地保证伤损钢轨的检测。

在加强仪器探伤检查的同时，要严格按规定做好对异型接头、绝缘接头、尖轨跟接头等薄弱处所，以及冷线钢轨锈蚀、长期压车仪器无法作业地段的手工检查；在入冬前对钢轨严重疲劳地段、隧道、大桥线路上的钢轨进行手工拆检；对钢轨疲劳地段的接头及大站场、道岔前后引轨接头组织工区使用螺孔裂纹探测仪探伤。

（5）加强培训工作，提高人员素质。

4. 严格监控制度，正确、及时处理伤损钢轨

(1)重点监控是钢轨防断工作的重要环节

①薄弱区段的监控

根据季节的特点，把每年的冬季定为钢轨的重点防断期。首先认真分析管内钢轨技术状态，确定防断的重点薄弱监控区段和部位，提出防断目标，制定防断措施，做到目标明确、措施落实，对重点区段采取必要的缩短探伤周期、增加探伤遍数、备用轨料到位、探伤人员调整等措施。在日常生产活动中，强调专业的钢轨探伤要与手工检查密切相结合，特别是在重点防断期内，工务调度对重点薄弱区段的钢轨伤损发展势态、探伤进度、备料储备等实行管理。

②伤损钢轨的监控

a. 线路上发现钢轨伤损，应根据伤损程度分别用油漆标上轻伤(△)、重伤(△△△)符号，并在伤损处正确划上箭头。探伤人员应填写钢轨伤损通知报线路工区和工务调度。

b. 线路工长和巡道人员应正确掌握管内钢轨伤损情况，并由工长及时填写钢轨伤损登记簿。

c. 巡道人员对伤损焊接接头要执行划号检查制，并使加固夹板的螺栓扭矩经常保持在规定范围内。

d. 探伤人员必须携带伤损钢轨登记簿(伤损监控卡)，对在上一个检查周期内未达到重伤的伤损钢轨进行认真复查，并做好波形记录，严密监视伤损发展。对已上夹板加固的伤损焊缝也应认真进行复查，做好记录，尤其要注意加固接头螺孔裂纹的检查。

(2)断轨和重伤钢轨的处理是防断工作最后关键的一个环节

普通线路发生断轨或发现重伤钢轨时，必须立即组织更换，做到两个“不过夜”，即换轨不过夜、向上级汇报换轨结果不过夜。在桥上或隧道内的轻伤钢轨，应及时更换。

无缝线路发生断轨或钢轨母材发现重伤时，必须立即组织处理，做到插入短轨临时处理或重新焊接永久处理不过夜；焊缝钢轨发现重伤时，做到钻眼上夹板紧急处理不过夜。处理结束后应做到向上级汇报处理不过夜。

无缝线路曲线内发现母材疲劳伤损或鱼鳞伤损已达重伤时，除按上述规定处理外，还应有计划地更换整个曲线钢轨。

(3)发现断轨和重伤轨处理要求

①发生断轨,采用急救器紧急处理加固后,必须派人看守。

②检查人员发现重伤钢轨已危及行车安全时,应立即设防护,派人看守,必要时应拦停列车。

(4)下道后重伤钢轨的处理

更换下道的重伤轨,必须在两端轨面上用钢剁打上明显的“×××”标记,并集中堆放,按废轨处理。

第三节　无缝线路钢轨折断及预防

一、钢轨折断原因

钢轨折断多发生在冬季。钢轨在冬季除承受着巨大温度拉应力外,还要受到列车动弯应力及其他附加力作用,当这些力之和超过钢轨强度时,就可能发生折断。引起钢轨折断的原因有以下几方面。

(1)钢轨本身材质不良,例如有核伤、裂纹等。

(2)钢轨焊缝不良,尤其是铝热焊接头缺陷较多(常见的有黑核、夹渣、夹砂、气孔、热裂、焊偏等),经过一段时间的运行后其强度逐渐降低,在温度力和动弯应力作用下拉断。

(3)线路维修不良,出现空吊板、三角坑、翻浆冒泥、轨枕间距过大等病害时,由于列车冲击力加大,钢轨拉断的可能性也增大。

(4)个别地段出现温度拉应力集中,如伸缩区和固定区衔接处、道口、曲线、桥头等处所很容易应力集中,加上车轮对钢轨的动力作用,超过了钢轨强度。

(5)由于作业不当,可能提高原锁定轨温,从而降低允许轨温变化的幅度。

二、防止钢轨折断措施

(1)对高温锁定的无缝线路,要在设计锁定轨温范围内进行应力放散。

(2)提高焊接质量,加强钢轨探伤。

改进焊接工艺,严格遵守操作规程,提高焊缝质量,是防止钢轨折断的根本措施,要力求减少焊接缺陷,消灭高低不平、上下错口,不合格者决不铺设或切割重焊。

加强钢轨探伤工作，一般在入冬前，对接头及焊缝两侧 1 m 范围内的钢轨，进行全面细致检查，鉴别伤痕类型，做好标记，注意观察。对一时不能判明的暗伤轨应用急救器，夹上特制的臌包夹板加固，必要时应锯开插入短轨重焊。

(3)整治焊缝病害。对高低接头、错口接头、马鞍形接头等缺陷接头，要用磨、焊、垫、捣、筛等方法综合整治，轨面要平顺，对超过 0.5 mm 的高低不平顺应及时打磨、焊补，使无缝线路钢轨顶面和内侧保持平整光滑。有严重缺陷者要锯掉重新焊接。

(4)加强防爬锁定。加强防爬锁定是防止钢轨过分收缩和钢轨折断后轨缝拉开太大的有利措施。为此，可在铝热焊缝两端增加防爬设备，以加大抗爬力，发现有残余爬行的附加力应及时加以调整。

(5)提高线路质量，加强养护维修。消灭空吊板及超保养的几何尺寸，修整道床，补充石砟，保持线路弹性，方正焊缝两侧轨枕，整正混凝土轨枕胶垫。冬季钢轨冷脆，线路刚性又大，进行作业时，必须小心。起道时，起道机应放在距铝热焊缝 1 m 以外，避免用起道机直接顶起铝热焊接头，并避免做一些冷弯直轨工作。

三、钢轨重伤处理

1. 普速铁路

发现重伤钢轨应立即通知线路车间和工务段安全生产调度指挥中心进行处理。

2. 高速铁路

(1)探伤检查发现钢轨重伤时，应及时切除重伤部分，实施焊复。探伤检查发现焊缝重伤时，应及时组织加固处理或实施焊复。

(2)检查中发现钢轨折断或重伤，应立即通知线路车间和工务段调度。钢轨重伤应立即限速不超过 160 km/h 并处理，处理方法按下列规定执行。

①对钢轨核伤和焊缝重伤可加固处理，并在适宜温度及时进行永久处理；在实施永久处理前应加强检查，发现伤损发展时，应按照钢轨折断及时进行紧急处理、临时处理或永久处理。

②对裂纹和可能引起轨头揭盖的重伤，应按照钢轨折断进行紧急处理、临时处理或永久处理。

③对其他重伤可采取修理或焊复方法处理，处理前可根据现场实际情况采取限速措施。

四、钢轨折断紧急处理

1. 普速铁路

当钢轨断缝不大于 50 mm 时，应立即进行紧急处理。

(1)按规定设置停车信号防护。

(2)在断缝处上好夹板或臌包夹板，用急救器固定(图 1-4)，在断缝前后各 50 m 拧紧扣件，并派人看守，限速不超过 15 km/h 放行列车。如断缝小于 30 mm，放行列车速度为不超过 25 km/h。

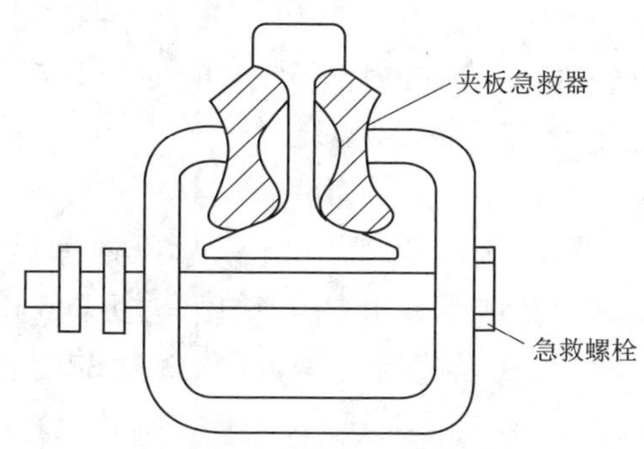

图 1-4　臌包夹板急救器

(3)有条件时应在原位复焊，否则应在轨端钻孔，上好夹板或臌包夹板，拧紧接头螺栓，然后可适当提高行车速度。

(4)在断缝两侧轨头非工作边做出标记，标记间距离约为 8 m，并准确丈量两标记间的距离和轨头非工作边一侧的断缝值，做好记录。

如折损严重或断缝拉开大于 50 mm 时，不得放行列车，应及时进行临时处理。

2. 高速铁路

(1)当断缝不大于 30 mm 时，可在断缝处上夹板或臌包夹板，用急救器加固，拧紧断缝前后各 50 m 范围内的扣件，并派专人看守，按不超过 45 km/h 速度放行列车，且邻线限速不超过 160 km/h。

(2)紧急处理后，应在断缝两侧轨头非工作边做出标记(标记间距一般为 26 m)，并准确丈量两标记间距离和轨头非工作边一侧断缝值，做好记录。

五、钢轨折断临时处理

1. 普速铁路

钢轨折损严重或断缝大于 50 mm，以及紧急处理后，不能及时原位焊接短轨进行永久处理时，均应进行临时处理。临时处理要求如下：

(1)应封锁线路，切除伤损部分，两锯口间插入长度不短于 6 m 的同型钢轨，轨端钻孔，上接头夹板，用 10.9 级螺栓拧紧。

(2)临时处理时，在断缝两轨轨头非工作边上作出标记，标记间距离约为 8 m，并准确丈量两标记间的距离和轨头非工作边一侧的断缝值，做好记录。

(3)在短轨前后各 50 m 范围内，拧紧扣件后，可按正常速度放行列车，但不得大于 160 km/h。

临时处理插入的短轨，不宜在线路上长时间保留，应在不超过一个月的时间内采取焊接短轨的方法进行永久处理。

2. 高速铁路

(1)当钢轨折损严重、断缝超过 30 mm 或紧急处理后不能及时进行永久处理时，应切除伤损部分，在两锯口间插入长度不短于 6 m 的同型钢轨，轨端钻孔，安装接头夹板，用 10.9 级螺栓拧紧，拧紧短轨前后各 50 m 范围内的扣件，按不超过 160 km/h 速度放行列车。

(2)临时处理前，应在断缝两侧轨头非工作边作出标记(标记间距一般为 26 m)，并准确丈量两标记间距离和轨头非工作边一侧断缝值，做好记录。

六、钢轨折断永久处理

钢轨断缝处紧急处理或临时处理后，在原锁定轨温增减 5 ℃以内，插入短轨重新焊接修复，恢复无缝线路轨道结构。

1. 普速铁路

(1)在接近锁定轨温的条件下，拆除插入的短轨，适当松开扣件和防爬器，按需要放散应力，使前后钢轨恢复应有位置。

(2)锯掉带有螺栓孔部分的钢轨，插入焊接短轨，焊后长轨条基本上恢复原有状态，保持原锁定轨温不变。

①采用小型气压焊时，插入短轨长度应等于切除钢轨长度加上 2 倍顶锻量。先焊好一端，焊接另一端时，先张拉钢轨，使断缝两侧标记的距离等于原

丈量距离减去断缝值加顶锻量后再焊接。

②采用铝热焊时，插入短轨长度等于切除钢轨长度减去两倍预留焊缝值。先焊好一端，焊接另一端时，先张拉钢轨，使断缝两侧标记的距离等于原丈量距离减去断缝值后再焊接。

同时要注意焊接短轨的材质应与长钢轨相同。

(3)有条件时，可将垂直断缝直接采取宽焊缝铝热焊原位焊复。

(4)在线路上焊接时，轨温应不低于 0 ℃。放行列车时，焊缝处轨温应降至 300 ℃以下，不限速。

(5)进行焊复处理时，应保持无缝线路锁定轨温不变，并如实记录两标记间钢轨长度在焊复前后的变化量。

2. 高速铁路

(1)对紧急处理或临时处理处所，宜于当日天窗内采用原位焊复或插入短轨焊复处理。进行焊复处理时，应保持无缝线路锁定轨温不变。作业轨温宜低于实际锁定轨温 0 ℃～20 ℃。当采用插入短轨焊复时，短轨长度不得小于 20 m。

(2)钢轨焊接应按照《钢轨焊接》(TB/T 1632)执行，并满足下列要求：

①焊接宜采用具有拉伸、保压功能的焊接设备。

②焊接作业轨温应不低于 5 ℃，且应避免大风和雨雪等不良天气。必须在不良天气进行焊轨作业时，应采取相应措施，并使环境温度高于 5 ℃；推凸后应采用石棉或其他材料覆盖直至轨温降至 300 ℃以下。

③钢轨焊接后应对焊缝进行探伤检查。

④焊接作业结束后，应测量原标记间距离，计算焊接作业范围内锁定轨温。

七、道岔内钢轨折断紧急处理

1. 普速铁路

发生道岔尖轨、基本轨、可动心轨、翼轨折断时应立即封锁线路，进行紧急处理。

(1)断缝位于尖轨与基本轨、可动心轨与翼轨密贴段范围外，且能加固时，处理方法和放行列车条件同钢轨折断处理。

(2)断缝位于尖轨与基本轨、可动心轨与翼轨密贴段范围以外不能加固或断缝位于尖轨与基本轨、可动心轨与翼轨密贴范围内，且直股或曲股之一可单独放行列车时，根据现场实际情况，确认道岔开向并加锁，限速放行列车。

2. 高速铁路

(1)发现道岔尖轨、基本轨、可动心轨、翼轨折断时应立即封锁线路，进行处理。

①紧急处理

a. 断缝位于尖轨与基本轨、可动心轨与翼轨密贴段范围以外，且能加固时，处理办法和放行列车条件同钢轨折断处理。

b. 断缝位于尖轨与基本轨、可动心轨与翼轨密贴段范围以外不能加固或断缝位于尖轨与基本轨、可动心轨与翼轨密贴段范围内，且直股或曲股之一可单独放行列车时，根据现场实际情况，确定道岔开向，工务紧固，电务部门确认道岔尖轨及心轨密贴状态，道岔应现场加锁或控制台单锁(具体加锁办法由铁路局集团公司规定)，视道岔型号和状态确定放行列车速度，但最高不得超过60 km/h，并派人看守，邻线限速不超过 160 km/h；直股和曲股均不能放行列车时，应进行永久处理。

②永久处理

更换尖轨、基本轨或辙叉并焊接，焊接作业要求同钢轨折断永久处理。

(2)道岔内钢轨重伤比照道岔内钢轨折断进行处理。道岔的辙叉、尖轨及钢轨伤损更换后不能焊接时，应临时处理并限速(速度不超过160 km/h)，并尽快恢复原结构。

第二章　钢轨材质缺陷引发钢轨折断

[案例1]新旧母材结合不良

一、应急处置过程

2009年11月22日18:51,工务段调度人员接到铁路局调度所工务调度室电话:"××线××站下行第二离去出现红光带。"立即启动断轨预案,通知线路车间值班干部梁某某及线路工区值班班长曾某某,并向相关领导汇报。曾某某立即带领职工3人赶往现场检查处理,19:25曾某某检查发现K1840+760处右股钢轨一次性折断,拉开轨缝10 mm,当即进行钻孔加固处理,19:40加固完毕,登记开通线路,首列限速25 km/h,第二列恢复常速,如图2-1所示。11月23日19:20—20:50要点插入短轨焊接进行永久处理。

图2-1　线路状况

二、线路设备及探伤检查情况

1. 线路情况

断轨位于K1840+760处右股(曲线下股),曲线半径1 000 m,缓和曲线长100 m,超高105 mm,2001年11月由××线路公司铺设无缝线路上道,锁定轨温33 ℃,断轨轨温10 ℃。

钢轨为攀钢 P60-PD_3轨，2001 年 6 月出厂，断口位于铝热焊缝边缘，该铝热焊缝为××焊轨班于 2007 年 1 月处理重伤轨时焊接上道使用。

2. 伤损情况

焊缝与母材结合部轨头下颚向轨腰方向有一处 20 mm×37 mm 半圆状旧痕，轨头、轨腰、轨底无其他伤损。钢轨伤损断面如图 2-2 所示。

图 2-2　钢轨伤损断面

3. 线路养护情况

现场几何尺寸无超限，无暗坑、吊板，2009 年 11 月 19 日综合检测列车检查该段评定优良。

4. 探伤情况

(1)小型钢轨探伤仪：2009 年 11 月 7 日，探伤工区执 GT-1C 型钢轨探伤仪对该钢轨进行了探伤，该焊缝与母材结合部轨头下颚向轨腰方向处 20 mm×37 mm 半圆状旧痕位于探伤仪探伤盲区，所以不属于探伤工责任。

(2)大型钢轨探伤车：2009 年 10 月 30 日，铁路局大型钢轨探伤车对该地段进行了检查，未发现异常。

(3)焊缝探伤:2009 年 8 月 12 日,探伤工区焊缝探伤班探伤工对该焊缝进行了全断面探伤,未发现该焊缝有伤损。

注:本书若无特殊说明,探伤时间均为最近一次探伤。

三、原因分析

(1)焊缝与母材结合部钢轨材质不良,在高温焊接时母材材质发生变化,在车轮冲击辗压下形成疲劳旧伤,大大降低钢轨疲劳强度,再加之近日昼夜温差大(21 ℃),在车轮冲击和低温拉应力作用下,焊缝出现疲劳性断裂。

(2)断轨处于长大上坡道,列车在爬坡运行时,增加了钢轨承受的动弯应力,因而导致该地段钢轨容易出现疲劳伤损。

四、警　　示

(1)加强无缝线路管理工作,对无缝线路轨温不明地段进行一次应力放散,并做好防爬观测工作,确保准确掌握锁定轨温。

(2)加强焊轨管理工作,焊轨作业时必须严格标准化作业,控制各道工序工艺,把握预热温度,保证拆模时间,确保焊轨质量,一旦出现焊接质量缺陷,必须立即采取措施,确保行车安全。同时,杜绝焊缝与母材结合部钢轨材质不良,导致在高温焊接时母材材质发生变化。

[案例 2]调边轨未经整修

一、应急处置过程

2009 年 1 月 3 日 2:07,工务段调度人员接到铁路局工务处调度室电话通知:"××站下行第一离去出现红光带。"立即报告值班领导,通知线路工区工长郭某某及线路车间主任徐某某,并要求工长立即组织工区留守人员携带钢轨检查工具检查××下行线 K1452+100~K1453+500 轨道电路区段是否发生断轨。工务段值班领导立即赶到调度室协调指挥抢险,工长立即组织了工区留守人员 5 人(1 人驻站,另 3 人随工长上线检查)对轨道电路区段的工务设备进行了检查。

2:47 检查人员发现下行线 K1453+050 处曲线下股钢轨垂直折断,拉开轨缝 45 mm,断轨处离焊缝接头 90 mm,如图 2-3 所示。工长立即派人赶往安装备用保护器的 K1453＋500 处取保护器，现场作业人员安装好卧式保护器，并对前后 50 m 线路进行了紧固。

3:15 工务人员在“运统—46”上登记开通线路，第一列限速 5 km/h，以后限速 25 km/h。

图 2-3　钢轨伤损断面

3:29 开通后的第一列列车以 5 km/h 的速度通过了故障地点，工长随即对线路扣件进行再次紧固。3:57 第二列列车以 25 km/h 的速度通过故障地段后，工长再次对轨缝进行检查，发现轨缝扩大至 47 mm，同时由于列车以 25 km/h通过时车轮对钢轨冲击很大，为确保行车绝对安全，工长经请示段值班领导后，4:09 在“运统—46”重新登记限速 5 km/h 放行列车。

与此同时，线路车间主任携带锯轨机、钻孔机等机具和人员驱车赶到现场，组织人员从站内(下行 K1452＋100 左右)吊轨，准备工作做好后，申请封锁施工点，经行车调度同意 4:55—5:55 给点 60 min。现场工务人员积极抢修，在断轨处插入一根 7 m 短轨，作钻眼上夹板临时处理。钢轨更换完毕后，以常速开通线路。

二、线路设备及探伤检查情况

1. 线路情况

断轨位于 K1453+050 处(隧道内)曲线半径为 500 m 的圆曲线上,1‰下坡道。线路几何尺寸状态良好,断轨处轨距 0 mm、水平+3 mm,无失效轨枕,无翻浆、无吊板,零部件齐全有效。

线路为 2008 年 6 月更换上道的无缝线路,60 kg/m 再用轨,Ⅲ型混凝土枕,普通道砟,铺设时气温 21 ℃,锁定轨温 33 ℃,断轨时最低气温 0 ℃左右。

2. 探伤情况

(1)小型钢轨探伤仪:2008 年 12 月 8 日,进行了线路钢轨探伤检查,未发现钢轨核伤或裂纹。

(2)大型钢轨探伤车:2008 年 12 月 14 日,铁路局大型探伤车检查了该区段,未发现钢轨核伤或裂纹。

(3)焊缝探伤:2008 年 12 月 28 日,无缝探伤工区对该焊缝接头进行了全断面探伤检查,未发现核伤及钢轨裂纹。

3. 检查情况

2008 年 12 月 31 日,××工区安排检查人员进行防“三折”检查,在该区段未发现钢轨明伤。

此次断轨,由于从××工区至故障地点约 2 km,事发时为凌晨 2 点,天太黑,行走艰难,所以作业人员从 2:07 工区出发检查到 3:15 登记开通线路,共用时 68 min。

三、原因分析

钢轨为下道未经整修的调边轨,材质较差,钢轨垂直磨耗 6 mm,在低温天气下,钢轨内部拉应力较大,造成钢轨一次折断。钢轨断面毛刺清晰、无伤损,为一次性折断。

四、警　　示

(1)加强调边轨的养护,防止因养护不到位,造成调边轨出现疲劳性伤损,导致钢轨折断。

(2)低温季节加强对未经整修的调边轨探伤和手工检查,及时发现伤损钢轨,并采取安全措施,防止出现漏检而导致钢轨折断。

(3)加强应急材料的配备,一是按规定在线路上半公里标处安装保护器;二是工区应按规定配备短轨枕头、轨端片等。

[案例3]再用轨材质差

一、应急处置过程

2010年1月5日22:09,工务段调度人员接到铁路局工务处调度室通知:"××下行线××站第一离去出现红光带。"立即通知线路车间值班副主任王某某,车间接到通知后即刻通知工区工长潘某某,工长组织人员携带断轨检查器赶赴现场进行检查,并派驻站联络员上信号楼进行登记与联络。由于断缝拉开太小(2 mm),检查器未卡住掉入断缝,22:55检查完毕遂登记了工务设备正常。但红光带再次出现,工长又一次出巡检查,23:09当检查至K1328+159处时与电务人员一起发现右股钢轨折断,拉开轨缝2 mm。随后立即采用夹板保护器进行临时加固处理,并同时锁定两端线路,23:32处理完毕后常速开通线路。1月6日10:20对该断轨进行了更换处理。

二、线路设备及探伤检查情况

1.线路情况

断轨位于××站东头K1328+159处,曲线半径600 m,超高120 mm,有缝线路,Ⅱ型混凝土枕。

线路几何尺寸无超限,扣件齐全、作用良好,道床无翻浆板结及暗坑吊板,断轨时轨温为−2 ℃。

2.伤损情况

断轨位于小腰部位,距接头端面1 183 mm,断口呈垂直断裂形态。经查询资料为奥地利进口钢轨,P60钢种,1994年8月出厂。观察断口横截面,轨头顶面有一长32 mm×深7 mm鱼鳞状裂纹,位于轨头中央部位,其余部位无缺陷,为新断裂痕迹,显示为一次性折断,如图2-4所示。断面晶粒组织结构粗糙，显示钢轨脆性高、硬度大，韧性不足。

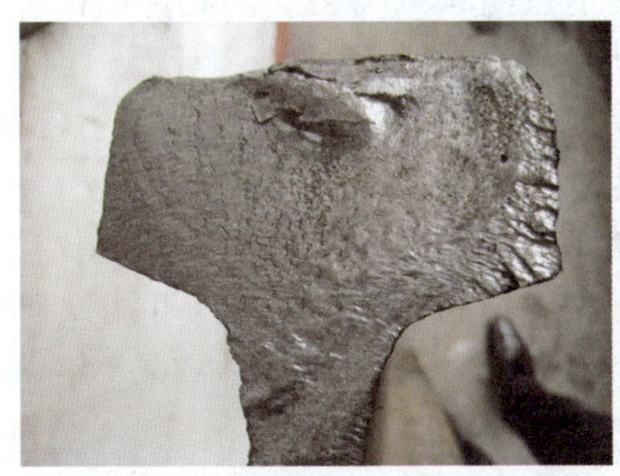

图 2-4　钢轨伤损断面

3. 探伤情况

(1)小型钢轨探伤仪：2009 年 12 月 24 日，探伤工使用 GT-2 型钢轨探伤仪对该区段进行探伤检查。该缺陷为探伤仪超声波可以达到并检查发现区域，但由于伤损处于轨面表层，仪器出波位移不明显，且该地段连续出现此种波形，判伤时以一般鱼鳞伤损对待，未引起重视，只是在记录簿(工探—2)上登记进行跟踪检查，未作重伤处理。

(2)大型钢轨探伤车：2009 年 12 月 25 日，铁路局大型钢轨探伤车对该地段进行了检查，当日提交工务段检查报告显示 K1328＋159 处右股整根钢轨为鱼鳞伤损。

三、原因分析

(1)位于轨面中央处鱼鳞状裂纹是造成钢轨折断的主要原因。该裂纹的产生发展是由于钢轨处于曲线上股，车轮在轨面上产生一定的偏载作用力，导致轨头顶面靠近行车边一侧产生并发展了鱼鳞状剥离裂纹。此种伤损一般较为细密，多分布于曲线上股钢轨，是钢轨主要伤损类型之一，具有一定的危害性。它的存在削弱了轨头的抗压、抗拉强度，并在该处形成应力集中，在较大的车轮冲击应力作用下导致钢轨一次性折断。

(2)钢轨本身材质较差是造成折断的另一原因。该轨为旧轨再用，且年限较长(1994 年)。从折断后晶粒组织结构分析，材质较为粗糙，可能铁矿石精度不足，含碳量较高，脆性高易断。据查该轨再用上道时间为 2008 年 10 月，距折断仅 48 天，显示该种钢轨再用寿命太短。

四、警　　示

(1)加强再用轨探伤。再用轨由于使用时间长，多数达到疲劳周期，在使用过程中容易发展疲劳伤损导致钢轨折断，车间工区应建立好再用轨上道台账，做到“先探伤，后上道；上道后，有监控”，预防再用轨折断事件的重复发生。

(2)加强对奥地利产再用轨的探伤检查。此种类型钢轨材质不良，且脆性高易断，在探伤检查中必须认真仔细，伤损判定上必须从严、从细，可考虑“升级处理”，即当伤损达到轻伤时，根据线路情况及季节轨温情况，可提前判定为重伤，使伤损“早发现、早处理”。

[案例 4]选轨把关不严

一、应急处置过程

2017 年 2 月 5 日 0:20，××线上行 1473G 轨道电路出现红光带。工务段调度人员接到通知后，立即启动断轨应急处置预案，迅速通知线路车间、线路工区赶到现场检查处理，并随即向段值班领导及段长、党委书记汇报。1:20线路工区人员检查发现××线上行 K1472＋360 处右股钢轨折断，拉开轨缝 4 mm，如图 2-5 所示。检查发现断轨后，立即赶往××线上行 K1472＋400 处取出预先埋放的夹板和保护器，线路车间支部书记张某某立即从车间赶往现场应急指挥，段线路技术科、安全科人员也赶赴现场。1:38 临时加固处理完毕，申请限速 25 km/h 开通线路。7:28 申请临时要点 90 min 将伤轨更换下道，插入一根长 24.75 m 攀枝花 P60-U75V 短轨，并对钢轨接头进行焊连永久处理,9:00 申请恢复常速开通线路。

图 2-5　线路现场

二、线路设备及探伤检查情况

1. 线路情况

断轨位于 K1472＋360 圆曲线上股(断缝距曲线东端缓圆点 13 m,距××隧道东端出口 6 m),曲线半径 1 300 m,曲线全长 241.92 m,超高 40 mm,缓和曲线长 110 m,线路坡度 8.0‰(下坡)。Ⅱ型混凝土枕(1 840 根/km),弹条扣件,跨区间无缝线路,锁定轨温 33 ℃,断轨轨温 1 ℃。

2. 伤损情况

断轨区段长轨为武钢 U75V 轨,2009 年 1 月生产,2010 年 6 月铺设上道,累计通过总质量 419 Mt。折断钢轨为攀枝花 P60-PD_3 轨,2001 年 5 月生产再用轨(无缝化改造的 25 m 标准轨),2016 年 12 月在该处处理重伤轨插入焊接上道。测量钢轨垂直磨耗 5 mm,无侧面磨耗,整根轨肥边明显,最大处肥边 4 mm,断轨处肥边 2.5 mm。

断轨前后 100 m 线路几何尺寸,轨距最大＋2 mm、最小－3 mm,水平最大＋1 mm、最小－2 mm,三角坑最大 3 mm;断轨处轨距＋1 mm,水平 2 mm,吊板 3 mm,换轨当晚已进行了捣固,断轨处往东一根枕垫片 5 mm。现场抽查线路扣件“四紧”情况,左股东头 99%、西头 98%,右股东头 99%、西头 100%,零部件齐全,道床饱满。

距东端铝热焊接头 190 mm、外侧轨底角边 22 mm 处轨底角外侧存在一长50 mm×宽 20 mm 伤损缺陷,为轨底角上表面细裂纹向下渗透发展的氧化裂纹面,无核伤特征,如图 2-6 所示。

图 2-6　钢轨伤损断面

3. 探伤情况

(1)小型钢轨探伤仪:2017 年 1 月 21 日,探伤工区使用 JGT-10 型数字钢轨探伤仪对××线上行 K1466＋900～K1476＋900 进行探伤,检测里程 10 km,当日检查该地段未发现伤损,该处无伤损记录。作业后工区回放员、调度值班室回放员对当日探伤作业数据进行回放分析,分析日报上均无疑似伤损和作业问题,如图 2-7 所示。

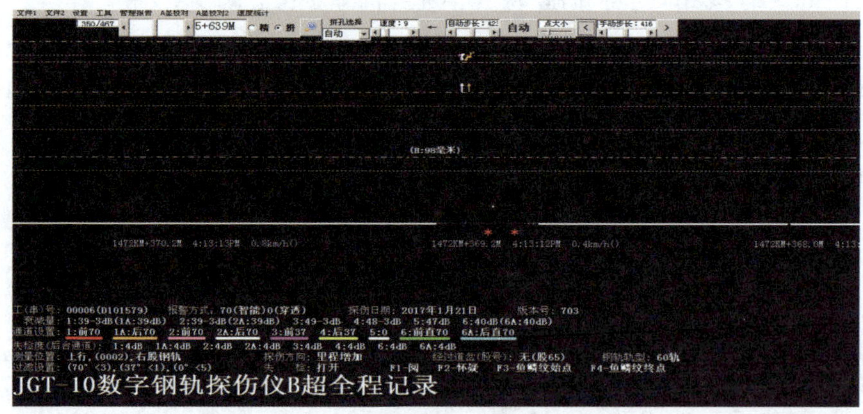

图 2-7　小型钢轨探伤仪波形

(2)数据回放分析:断轨后工务部门对最近 3 个周期探伤数据进行回放分析,断轨处铝热焊接头历次数据无伤损反射波,探伤作业情况及灵敏度正常。

(3)大型钢轨探伤车:2017 年 1 月 9 日,大型钢轨探伤车对该区段进行探伤,探伤速度为 57.6 km/h,回放断轨处无伤损反射波,如图 2-8 所示。

图 2-8　大型钢轨探伤车波形

(4)焊缝探伤:2016 年 12 月 15 日,工务段检查监控车间焊缝探伤工区对该焊缝处进行焊缝探伤作业,当日探伤检查记录为无伤,未发现伤损及外观不良问题。

4. 检查情况

(1)设备检查作业情况

①2017 年 1 月 26 日,线路车间静态检查工区对××线上行 K1471+700～K1477+000 区段进行了设备检查,该处前后线路无病害问题记录。

②2017 年 1 月 12 日和 1 月 30 日,线路工区进行"三折"检查,断轨处无病害问题记录;2017 年 1 月 30 日和 2 月 2 日,线路工区进行周巡视及"三折"检查,该处无病害记录。

③2017 年 1 月 11 日,轨检小车进行检查,该处前后 100 m 范围内无轨检小车 A 类问题。

④2017 年 1 月 12 日,线路工区天窗在 K1472+000～K1477+000 区段进行起道捣固作业;查阅工区质量回检记录,轨道几何尺寸良好,零部件齐全有效。

(2)动态检测情况

2017 年 1 月 15 日,铁路局轨道检查车对该区段进行检测,前后 100 m 无几何尺寸 Ⅰ 级及以上超限,峰值较大处所有:K1472+325 处右高低峰值 −5.13 mm、K1472+430 处三角坑峰值 6.97 mm,K1472+200～+400 区段 TQI

值 8.4 mm(全线 TQI 值 8.95 mm),如图 2-9 所示。

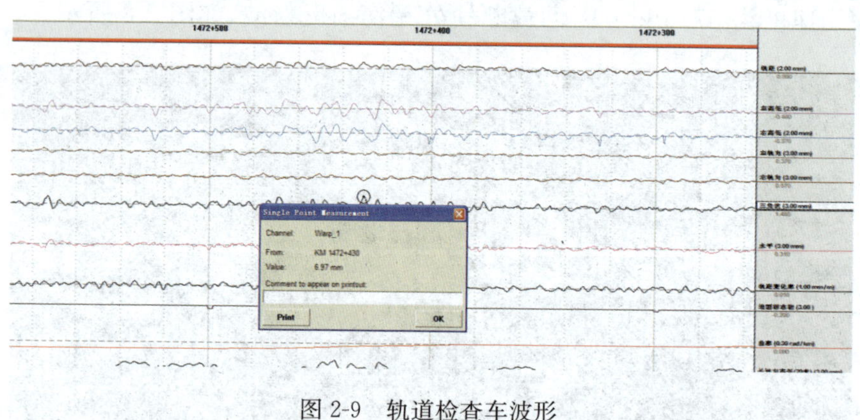

图 2-9　轨道检查车波形

三、原因分析

(1)断轨处位于隧道内圆曲线地段上股,钢轨母材轨底距非作用边外侧轨底角边 20 mm、距轨底最小距离 5 mm 处有一透锈长 45 mm×深 20 mm 疲劳裂纹。由于此伤损的存在,降低了钢轨强度,在列车荷载作用力冲击下,导致钢轨折断。

(2)再用轨选轨把关不严,选取一根 4 mm 肥边的再用疲劳旧轨上道焊接,且再用轨上道前未按规定进行探伤和全面外观检查。再用轨在搬运过程中装、卸、吊运不规范,未使用吊轨架,使钢轨受到摔伤,再用上道后轨底角处产生细裂纹,是造成钢轨折断的直接原因。

(3)新焊缝探伤验收时,外观检查不细,轨底角探伤长度未覆盖足够 200 mm(折断后轨底角伤损缺陷距焊缝中心 190 mm),未发现轨底角上存在的伤损缺陷。

四、警　　示

(1)制定再用轨上道措施,规范管理再用轨。一是建立再用轨动态管理台账,由材料科负责对回收再用轨进行分类统计,督促综合机修车间做好再用轨动态管理台账;二是规范再用轨的申请流程,线路车间申请再用轨必须将钢轨的磨耗值、钢轨类型、材质等调查全面,综合机修车间根据所需严格把关,杜绝将不符合标准的再用轨上道使用;三是线上严格再用轨更换标准,现场施工负责人需严格把关，按规使用。

(2)加强探伤作业标准化。一是严格落实对新焊缝进行 24 h 内探伤检查，对焊缝外观做好全面检查记录；检查过程中必须对钢轨打磨除锈后质量进行检查，钢轨轨底部分必须使用检查小镜进行检查；对焊缝探伤作业人员必须经过培训考试合格后方可上岗作业；焊缝轨底角探伤要覆盖左右各200 mm，同时探伤前对钢轨外观进行全面检查。二是严格按规定对焊缝探伤作业过程进行全程回放，对回放过程中发现的作业问题，加强考核。

[案例 5]轨底常年受滴水浸湿

一、应急处置过程

2019 年 12 月 3 日 4:13，工务段调度人员接到行车调度部门电话通知："××南环线××区段红光带。"立即通知线路车间主任王某某安排人员检查，王某某及线路工区班长马某某带领人员赶赴现场检查。调度人员同时向段值班领导、安全副段长、值班干部及相关科室汇报情况。经检查，在××南环线 K0＋690 处右股钢轨垂直折断(轨缝 8 mm)，轨温 4 ℃。5:25 经现场加固处理后限速 25 km/h 开通线路(限速里程 K0＋640～＋740)。副段长及线路技术科、安全科人员随即赶往现场组织指挥应急处置和调查分析，8:17—10:17 临时要点插入 25 m 短轨并焊复处理后，线路恢复常速。

二、线路设备及探伤检查情况

1. 线路情况

断轨处所位于南环线 K0＋690 处右股(直线)，无缝线路地段(锁定轨温 30 ℃)，钢轨为 1990 年 9 月出厂的攀钢 P60-U71Mn 轨，1995 年下道的再用轨，再用焊连上道后累计通过总质量 750.365 Mt。Ⅱ型混凝土枕(1 680 根/km)，弹条扣件，一级道砟。

2. 伤损情况

钢轨(母材)为一次性折断，拉开轨缝 8 mm。查看钢轨断面，发现轨底裙边共有 3 处核伤，分别为距轨底非工作边裙边 39 mm 的 2 mm×4 mm 核伤、距轨底非工作边裙边 55 mm 的 5 mm×4 mm 核伤以及距轨底非工作边裙边 65 mm 的 7 mm×3 mm 核伤，3 处核伤均位于钢轨探伤仪Ⅲ区(探伤盲区)。

K0＋690 处线路上方为大桥，受大桥桥面长期滴水影响，断缝处轨底板锈蚀严重，最薄处只有 4 mm，轨底距离断缝 35 mm 处最窄宽度为 141 mm（标准为 150 mm），断缝处锈蚀部位轨高 157 mm，未锈蚀部位轨高 166 mm，相差 9 mm，2019 年 8 月 26 日现场探伤已判轻伤。

检查断轨处前后 100 m 线路几何尺寸，轨距最大＋6 mm、最小＋1 mm，水平最大＋7 mm、最小－3 mm，零部件齐全，断轨处存在白砟 2 空、吊板 5 mm。抽查断轨处前后扣件密贴率，断缝西端 K0＋700 处扣件密贴率 84％，断缝东端 K0＋680 处密贴率 80％。

3. 线路养护情况

2018 年 6 月进行了大型养路机械捣固作业；2019 年 11 月 21 日线路工区在该地段进行找小坑、改道作业，作业后回检合格。

4. 检查情况

检查工区 2019 年 11 月 29 日最近一次对南环线 K0＋000～K1＋450 进行线路检查，查检查记录发现，断轨处所（33 号～34 号轨）无超保养标准处所，无结构性问题。

5. 动态检测情况

南环线未安排轨道检查车计划。

6. 探伤情况

（1）小型钢轨探伤仪：2019 年 10 月 28 日，探伤工区使用 GT-2＋型钢轨探伤仪对该区段线路进行探伤。当天作业里程为南环线 K0＋000～K1＋172 及Ⅲ场南岔群，探伤总里程 2.946 km，探伤仪器耦合良好，灵敏度正常。通过断轨处所探伤即时速度为 2.055 km/h，未超速，未发现异常，如图 2-10 所示。

图 2-10　小型钢轨探伤仪波形

(2)数据回放分析：2019 年 10 月 29 日，段调度值班室回放员对 28 日探伤数据进行分析，仪器各通道灵敏度正常，作业情况正常。

三、原因分析

××南环线 K0+690 处右股钢轨轨底常年受滴水影响，钢轨材质降低，造成轨底板存在锈坑(最薄处只有 4 mm，与未锈蚀部位轨高相差 9 mm)，加之轨底探伤盲区存在 3 处核伤，降低了钢轨强度，在低温拉应力和列车荷载反复作用下导致钢轨一次性垂直折断，是故障发生的直接和主要原因。

四、警　　示

(1)加强锈蚀钢轨等重点部位、薄弱地段的检查养护工作。一是检查工区、线路工区在周期性检查、设备巡查时未对钢轨滴水处所钢轨锈蚀、轨面低塌进行重点检查和记录，造成钢轨锈蚀、轨面低塌未被发展；二是抓好防断重点部位、薄弱处所的检查养护，对伤损处所养护要高一格、严一挡，减少钢轨动态附加应力和断轨风险；三是加强伤损设备管理，对于重伤设备各线路车间严格按照分级标准组织更换下道，不能按要求下道的重伤设备，车间安排人员进行看守，轻伤处所每两天巡查一遍。

(2)加强锈蚀钢轨等重点部位、薄弱地段的探伤管理。一是探伤工区 8 月 26 日判定轻伤后，手工检查不到位，后续探伤检查未针对该处钢轨锈蚀超标再结合滴水情况进行研判，也未与线路工区对接，将此情况反映给线路工区。二是要落实疑似伤损判伤的相关规定，现场作业执仪人发现疑似钢轨伤损时，要立即向带班人汇报，坚持集体判伤，严禁独立判伤；在执仪人和带班人对疑似伤损的判定发生分歧时，要及时向车间或线路技术科申请技术支持，及时安排复核，确保现场伤损得到及时发现，杜绝漏判、错判、误判。

案例启示

【启示一】钢轨材质缺陷引发钢轨折断主要原因：一是高温焊接时，由于高温造成结合部位母材材质变差；二是使用再用轨或调边轨时，选材不严格，使用材质较差的钢轨；三是受常年滴水等气候影响，钢轨材质强度降低。

【启示二】加强焊轨管理工作:焊轨作业时必须严格按标准化作业,严格控制各道工序工艺,杜绝焊缝与母材结合部钢轨材质不良,导致在高温焊接时母材材质发生变化。

【启示三】加强再用轨、调边轨的管理与使用:一是建立再用轨管理台账,规范再用轨申请、使用流程,从而杜绝将不符合标准的再用轨上道使用;二是线上严格再用轨更换标准,现场施工负责人需严格把关,严格落实再用轨使用标准。

【启示四】加强易受气候影响地段钢轨的探伤检查与线路养护工作:一是要落实受气候影响地段钢轨疑似伤损判伤的相关规定,现场作业执仪人发现疑似钢轨伤损时,要立即向带班人汇报,坚持集体判伤,严禁独立判伤,确保现场伤损得到及时发现,杜绝漏判、错判、误判;二是线路工区及时对易锈蚀地段钢轨,结合几何尺寸、线路状态进行分析,发展不良及时处置。

第三章　焊接质量不达标引发钢轨折断

[案例 6]焊接材料及工艺不达标

一、应急处置过程

2007 年 11 月 21 日 5:31，工务段调度人员接到铁路局工务处调度室通知："××站 1 道红光带。"立即通知线路车间进行设备检查，检查人员 5:50 发现下行 K2020＋028 处右股(曲线下股)铝热焊焊缝折断(图 3-1)，拉开轨缝 14 mm，马上通知工务段调度部门，并启动断轨应急预案。线路车间主任带领工区工长及 13 名职工到现场进行抢修，6:12 工区在钢轨折断处上好臌包夹板，扭紧前后 100 m 扣件，以 5 km/h 限速开通线路。技术科副科长、安全科副科长立即赶赴

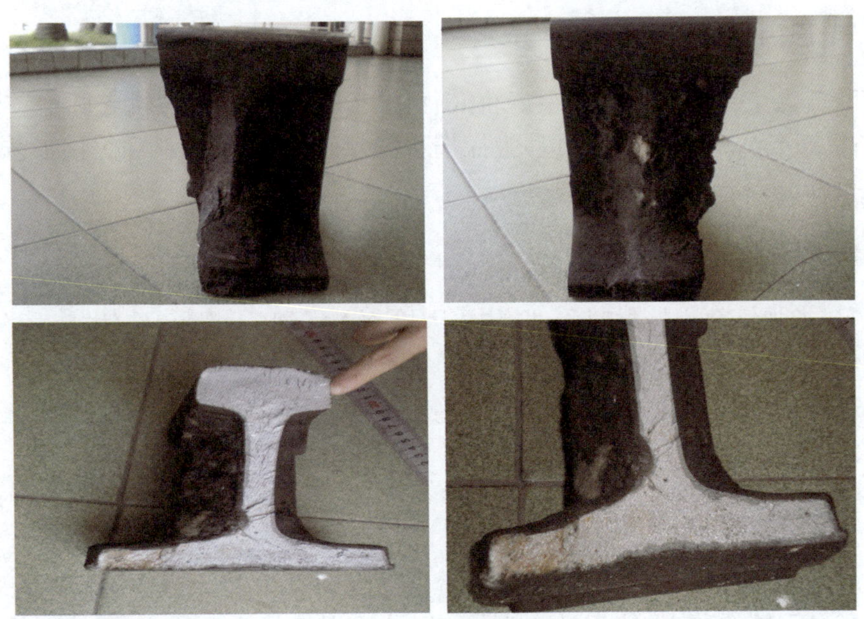

图 3-1　钢轨伤损断面

现场，根据调度所给点情况，7:15 钻孔安装好夹板，以正常速度开通线路。当日利用垂直天窗 8:56—9:56 插入一根 7.166 m 短轨。

二、线路设备及探伤检查情况

1.线路情况

断轨处为无缝线路铝热焊接头，曲线圆曲线地段，曲线半径 1 000 m，轨型是 P60-U75V 钢轨，2006 年 11 月 23 日铺设上道。

线路状态良好，2006 年 11 月 18 日和 2007 年 10 月 25 日铁道部综合检测列车检测该公里为优良公里。

2.探伤情况

(1)小型钢轨探伤仪：2007 年 11 月 12 日，检查监控车间探伤一工区检查下行 K2020＋000～K2025＋500，未发现该处伤损，焊缝探伤日期为 7 月，根据规定焊缝每半年探一次的要求，没有超探伤周期。

(2)大型钢轨探伤车：2007 年 9 月 23 日，铁路局大型钢轨探伤车检查未发现伤损情况。

三、原因分析

断口为全新晶粒、粗筋，距离轨底往上 30 mm 处轨腰与轨底圆滑三角区有一高 25 mm×宽 5 mm 黑斑，为探伤盲区，确定是焊接材料和焊接工艺引起钢轨折断。

四、警　　示

(1)加强钢轨焊接材料管理，防止因检查不仔细、不规范，致使“有病”材料进入焊接环节。

(2)加强钢轨焊接全过程监控，杜绝因焊接工艺不合格导致的焊接“有病”接头。

(3)严把焊接接头探伤关，每一个环节均要责任到人，对于违章者严格考核。

(4)加强线路班组对焊接接头日常保养及状态检查，防止因线路不良，加剧列车对钢轨的冲击，使钢轨出现伤损，导致焊接接头因伤损在内部产生核伤，最终引起钢轨折断。

［案例 7］现场焊接操作不规范

一、应急处置过程

2008 年 4 月 28 日 9:11，工务段线路工区巡道工石某某在当班巡查中发现 K1073＋273(位于××隧道内洞标 2 281 m 处，隧道全长 3 631 m)右股焊缝处自上而下呈 70°斜截面全部拉裂(轨顶拉开 7 mm，轨底拉开10 mm)，9:17 用红色信号巡道灯将××次货物列车拦停在 K1072＋600 处(工区由班长杨某某带领 3 名职工在 K1072＋200 处拧紧扣件作业)，班长杨某某发现停车后，同 3 名工区作业人员一同向列车运行方向跑去，对断轨处及时进行了加固处理，并于 9:42 处理完毕，要求××次货物列车司机以 5 km/h 速度运行，11:50恢复正常运行。15:00—15:50 申请要点并插入 6.781 m 短轨后，常速放行列车，如图 3-2 所示。

图 3-2　线路状况

二、线路设备及探伤检查情况

1. 线路情况

钢轨为攀钢 P60 钢轨，2005 年 1 月出厂，2005 年 8 月大修上道，锁定轨温 35 ℃。

断轨位于隧道内，离隧道口 1.5 km，为无缝线路现场焊缝，位于直线上，混凝土整体道床，坡度为 9.5‰下坡。经检查故障地段线路设备状态完好，无超限处所，现场检查轨距±1 mm，零部件齐全有效，隧道无漏水现象，线路无翻浆、吊板，轨面无磨耗，工区近段时间未在此处作业。

2. 伤损情况

断轨处为铝热焊接头，对断轨头进行分析，发现钢轨内侧轨颚圆弧处有 10 mm×15 mm 核伤，距钢轨表面 70 mm，断轨底部离焊缝中心 65 mm，轨头无肥边，端面其他地方无伤损痕迹，焊缝轨面有 1.5 mm 马鞍形磨耗，如图 3-3 所示。焊缝接头此前已判为轻伤（疑焊接不良），并上臌胞夹板进行了保护加固。

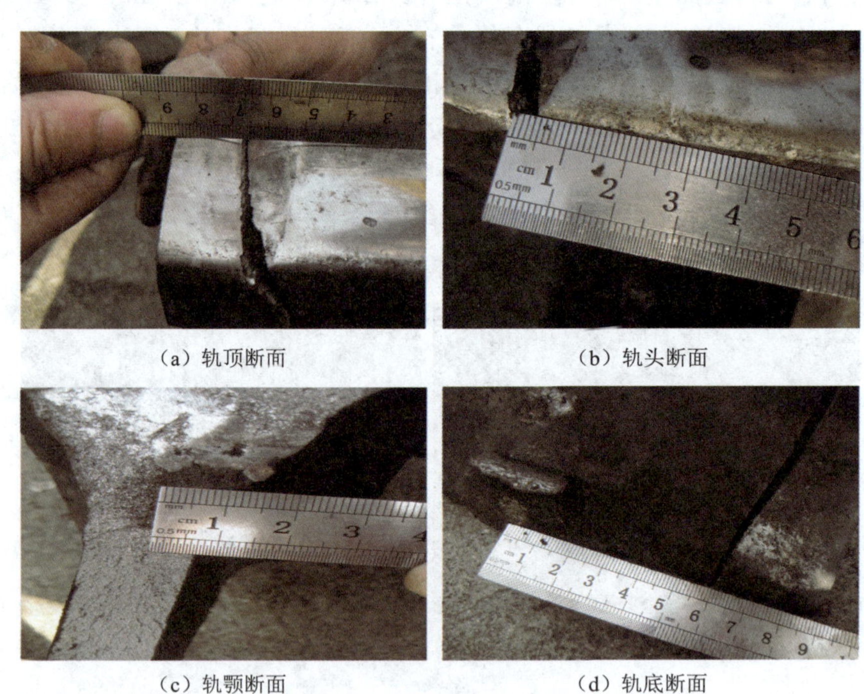

（a）轨顶断面　（b）轨头断面

（c）轨颚断面　（d）轨底断面

图 3-3　钢轨伤损断面

3. 探伤情况

(1)小型钢轨探伤仪：2008 年 4 月 11 日，工务段探伤工区对该段线路进行了钢轨探伤检查，未发现有伤损。

(2)大型钢轨探伤车：2008 年 3 月 22 日，铁路局大型钢轨探伤车对该段线路进行了全面探伤检查，未发现有伤损。

(3)焊缝探伤：2008 年 2 月 11 日，工务段探伤工区对焊缝接头进行了全断面探伤检查，未发现有伤损。

三、原因分析

(1)现场铝热焊接工艺不规范，导致焊接接头不良，从而在轨颚圆弧处产生 10 mm×15 mm 核伤是导致钢轨折断的主要原因。

(2)断轨处为隧道整体道床，弹性较差，列车对伤损的冲击力较大，导致焊材和母材不良结合部应力集中，产生核伤。

(3)伤损位于轨颚圆弧处，伤损反射面不规则，导致探伤仪器反射信号不强，不能准确判断该处是否形成伤损及伤损形成的大小。

四、警　　示

(1)加强铝热焊接现场质量与监控，严把焊接过程监控和质量达标，消灭因作业过程失控或其他因素导致出现“有病”“带病上线”焊接接头。

(2)加强对管内焊缝接头处所的整治和养护，消灭超限或线路不良处所，杜绝因线路病害或不良导致焊接接头在列车高速运行下受到巨大附加力，产生病害并趋向恶化发展。

(3)提高焊缝探伤业务水平，加强对线上既有轻伤轨的跟踪检查。同时加强钢轨的探伤和手工检查，特别是对钢轨接头、小曲线半径、长大隧道等薄弱处所的检查，做到及时发现和处理安全隐患，确保行车安全，减少对行车的影响。

[案例 8]焊缝加强筋存在夹杂物

一、应急处置过程

2009 年 11 月 9 日 21:52，工务段调度人员接到铁路局工务处调度室通知：“××线下行××区间第二接近出现红光带。”立即通知线路车间及工区值班人员携带断轨检查器赶赴现场进行检查，22:16 检查人员发现下行 K1835+750 处左股钢轨折断，拉开轨缝 11 mm。随后采用臌包夹板保护器进行临时加固完毕，同时锁定两端线路，22:45 处理完毕限速 45 km/h 放行列车。23:19 对该处进行钻孔加固处理完毕恢复常速，11 月 11 日晚进行了焊接永久处理。线路现场及加固情况如图 3-4 所示。

图 3-4　线路现场及加固情况

二、线路设备及探伤检查情况

1. 线路情况

断轨地段为曲线，半径 1 000 m，超高 100 mm，超长无缝线路，设计锁定轨温32 ℃，Ⅱ型混凝土枕。断轨位于曲线下股钢轨，线路几何尺寸无超限，扣件齐全、作用良好，无道床翻浆板结，无暗坑吊板。断缝位于现场铝热焊缝中央，断轨时轨温为 7 ℃。

2. 伤损情况

钢轨断口呈垂直断裂形态。钢种为 $P60\text{-}PD_3$ 轨，2000 年 8 月出厂，2005 年 4 月焊接上道。

观察断口横截面，轨底角上缘加强筋有 3 处 2～3 mm结晶不良夹杂，一处位于轨底角内侧，距轨底角边缘 41 mm，距轨底面 28 mm；另外两处位于轨底角外侧，分别距轨底角边缘 56 mm、39 mm，距轨底面 29 mm、34 mm。其余部位无缺陷，晶粒组织结构较粗糙，如图 3-5 所示。

图 3-5　钢轨伤损断面

3. 探伤情况

(1)小型钢轨探伤仪:2009 年 10 月 14 日,采用探伤仪对该地段进行探伤,该缺陷为探伤小车超声波无法达到并检查发现区域。

(2)大型钢轨探伤车:2009 年 10 月 30 日,铁路局大型钢轨探伤车对该地段进行了探伤检查,钢轨折断后回放了检查数据,未发现伤损图存在不良缺陷。该缺陷为探伤车超声波无法达到并检查发现区域。

(3)焊缝探伤:2009 年 8 月 14 日,对该焊接接头进行全断面检查,检查情况为正常。轨底角上缘加强筋夹杂物为超声波无法探测识别区域,外观检查时补铁覆盖了夹杂物无法发现。

三、原因分析

(1)位于轨底角上缘加强筋夹杂物是造成钢轨折断的主要原因。夹杂物呈深黑色,细粒状,最大 3 mm,最小 1.5 mm,推测为焊接时焊剂不良,焊粉中存在非金属物质,在焊接烧熔过程中不良物质上浮并在轨底角上缘形成结晶不良夹杂,削弱了焊接接头的抗拉强度,并形成应力集中,在较大的温度应力作用下一次性断裂。

(2)线路中存在较大的温度应力是造成钢轨折断的另一原因。该地段铺设无缝线路设计轨温为 32 ℃,折断时轨温为 7 ℃,且近期该地区轨温变化幅度较大(昼夜相差达 28 ℃),在超长无缝线路中形成极大的温度应力,容易在焊接接头等薄弱处所形成应力集中,造成钢轨折断。

四、警　　示

(1)加强焊剂检测管理及焊接工艺。采用焊接质量更好的焊剂,在焊接过程中细化工艺流程，严格控制流程时间，保证焊剂充分反应烧熔及金属组织结晶良好。

(2)及时释放钢轨中存在的温度应力。对超长无缝线路，在入冬前进行应力放散，释放钢轨中存在的温度应力，使钢轨受力均匀，线路平顺，确保行车安全。

[案例9]推溜未严格执行工艺流程

一、应急处置过程

2013年1月4日3:20，工务段当班调度人员接到工务处调度人员电话通知："××上行线××站东头第一离去区段发生红光带。"立即启动断轨应急预案，电话通知线路车间主任及线路工区工长，随后逐一向值班领导汇报，值班领导安全副段长在调度室指挥。工长接到通知后立即派驻站联络员赶往信号楼，同时带领工区3人携带卧式保护器2套、臌包夹板1副、钢轨检查架2个，分左右股在钢轨上分组推行检查。3:48工长检查发现××上行线K1366+780处左股铝热焊接接头一次性垂直折断(拉开轨缝10 mm)，立即组织安装保护器并对断轨处东西端100 m扣件进行紧固，于4:23登记限速25 km/h开通线路(限速里程××上行线K1366+720～+820)。7:20—7:55，临时要点35 min，插入7.99 m短轨处理后，按常速开通线路。

二、线路设备及探伤检查情况

1. 线路情况

断轨位于K1366+780左股铝热焊焊缝与母材结合处，刚好位于曲线下股缓圆点处，曲线半径500 m，曲线全长452.32 m，超高125 mm，坡度8.4‰。

该地段为无缝线路，钢轨为攀钢P60轨，焊连接头处东端钢种为PD_3、西端钢种为U75V；生产日期PD_3轨为2001年6月，U75V轨为2008年10月。断轨轨面无鱼鳞伤损，锁定轨温37 ℃，断轨时现场轨温−3 ℃。

断轨处为一级道砟，前后20 m道床无板结；线路无翻浆、吊板。Ⅲ型混凝土枕(1 760根/km)；抽查断轨处前后200 m弹条扣件，扣件密贴率为62%，无缺失、失效零部件。

2. 伤损情况

断轨于 2009 年 5 月铺设，2012 年 8 月 10 日探伤对该处钢轨判重伤后，线路车间于 2012 年 9 月 6 日插入短轨（长度 7.99 m 翻边轨）进行永久处理。焊接前轨温 31 ℃，结束后轨温 36 ℃；钢轨伸缩总量 0 mm。焊完后焊缝轨面平直度＋0.3 mm/m，焊缝侧面平直度＋0.1 mm/m。

检查断缝前后各 50 m 线路，轨距最大＋10 mm、最小＋7 mm（圆曲线侧面磨耗 9 mm）；水平最大＋1 mm、最小－4 mm（最大三角坑 5 mm）；正矢最大＋5 mm、最小－1 mm（正矢连续差 6 mm）；高低最大＋3 mm。

断口处铝热焊熔合部位东端内侧轨头颚部有 10 mm×20 mm 垂直状牙形伤源，晶粒粗糙可见（晶粒与新断断口基本一致），未形成核伤，如图 3-6 所示。

图 3-6　钢轨伤损断面

3. 线路养护情况

2012 年 12 月 18 日，工区在 K1364＋400～K1367＋100 区段上下行改道作业；12 月 19 日，工区在 K1364＋400～K1367＋100 区段上行涂油作业。

4. 探伤情况

（1）焊缝验收：2012 年 9 月 7 日，探伤十工区副工长使用 GT-9003 型数字钢轨探伤仪对焊缝进行全断面探伤验收，未见异常。仪器基准灵敏度 62 dB，探伤灵敏度 85 dB，满足焊缝验收探伤条件。

（2）小型钢轨探伤仪：2012 年 12 月 23 日，探伤三工区使用 GT-2 型钢轨探伤仪对该地段进行了探伤检查，未发现该处钢轨异常。

（3）数据回放分析：2012 年 12 月 24 日，工务段回放组对 K1360＋204～

K1367＋822区段进行回放分析，速度显示当天作业中全程无超速现象，平均速度2.525 km/h，保持在可控范围。仪器在绝缘接头、焊缝接头出波较饱满，仪器1A、3、3A通道灵敏度均为50 dB，满足探伤条件。回放分析中该地点未发现明显伤损。左股K1366＋780处焊缝未打符号标记，如图3-7所示。

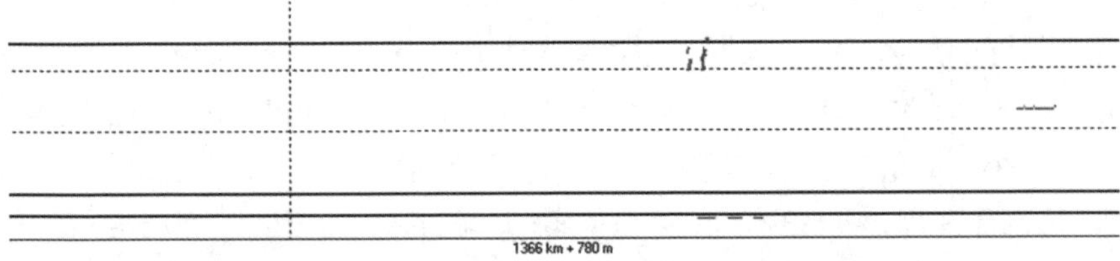

图3-7　小型钢轨探伤仪波形

(4)大型钢轨探伤车：2012年12月27日，铁路局大型钢轨探伤车对该地段进行了探伤检查，未发现该处钢轨异常，当日进行数据回放，未发现异常波形，如图3-8所示。

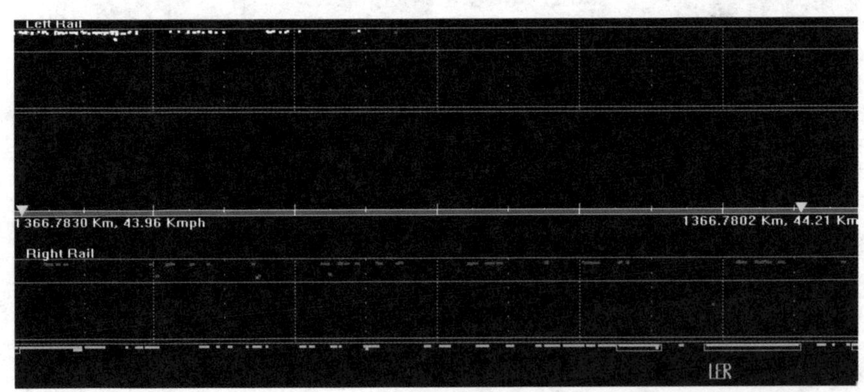

图3-8　大型钢轨探伤车波形

5. 检查情况

核查线路工区"伤损设备登记簿(三折一裂)"，该地段无伤损记录。

三、原因分析

(1)焊连作业未执行标准化作业程序，从断口处分析推断在焊连过程中推溜未严格执行工艺流程，双向推溜过程中用力不均匀使得焊缝金属受压应力不均匀，致使焊缝受拉导致在钢轨内侧下颚形成疏松扇区，为断轨留下了隐患，是造成断轨的原因之一。

(2)焊缝验收检查流于形式，焊缝全面探伤验收过程中未严格执行作业标准，未及时检查发现焊连作业中留下的疏松扇区，漏探是造成该起断轨的原因之一。

(3)线路养护严重不到位，扣件"四紧"工作不达标，断轨处扣件密贴率仅为62%，同时断轨时气温较低而锁定轨温较高，钢轨应力集中于疏松扇区薄弱处，是造成钢轨折断的直接原因。

四、警　　示

(1)严格按工艺进行施工，提高铝热焊接接头的性能和质量。一是加强对焊接人员的培训工作，通过培训提高焊接质量；二是加强现场焊接盯控工作，焊接现场盯控干部要严格督查焊接人员执行焊接工艺流程，杜绝简化作业及违章作业；三是严格规范焊接工艺与流程，降低因提前受力、预热不均、封箱泥过多、过早拆箱、提前推瘤等造成断轨的可能性。

(2)线路工区要充分利用天窗点，加强对半经小于800 m曲线、明桥面、绝缘接头前后100 m、焊缝接头前后100 m、长轨条未焊连接头前后100 m、岔区前后50 m的线路扣件"四紧"工作，确保上述处所的扣件密贴率达到95%以上，并每日向安全生产调度指挥中心上报扣件"四紧"工作进度。

[案例10]焊接作业不规范

一、应急处置过程

2014年2月8日14:50，工务段调度指挥中心接到工务部调度人员通知："××线上行K1598+930信号机闪红。"当班调度员立即按断轨启动应急预案，并迅速电话通知线路车间主任及线路工区工长，要求工区立即组织人员赶往现场进行设备检查，随后逐一向段领导、相关科室负责人汇报。15:13线路工区检查人员发现××线上行K1597+950处右股钢轨折断，拉开轨缝12 mm，现场人员立即上臌包夹板、保护器临时加固处理(图3-9)，15:38登记常速开通线路。18:50—19:50,利用区间天窗,插入短轨焊连处置后,开通线路恢复常速。

图 3-9　线路状况及加固情况

二、线路设备及探伤检查情况

1. 线路情况

断缝处位于隧道(全长 89 m)内 K1597+950 处圆曲线上股,铝热焊焊缝(2010 年 9 月由大修段铺设上道进行焊连),曲线半径 500 m,曲线全长 308.27 m,超高 135 mm,缓和曲线长 130 m;Ⅱ型混凝土枕(1 795 根/km),3.8‰上坡;道床为一级道砟。

钢轨为攀钢 P60-U75V 型,2010 年 8 月生产,2010 年 9 月铺设上道,通过总质量 175.29 Mt;钢轨侧面磨耗 4 mm,垂直磨耗 2 mm;锁定轨温 34 ℃,断轨时现场轨温 1 ℃,钢轨表面良好。

2. 伤损情况

检查断轨前后 100 m 线路几何尺寸,轨距最大+5 mm、最小−1 mm,轨距变化率最大 4‰;水平最大+5 mm、最小−2 mm,三角坑最大 6 mm,无明显高低、吊板;最大正矢差+2 mm,最小正矢差−2 mm,连续差最大 4 mm。断缝处几何尺寸,轨距+3 mm、水平−2 mm。

检查断轨前后 100 m 扣件密贴率,东头 98%,西头 40%,扣件齐全。该处道床缺砟严重、板结严重,现场无翻浆、白砟现象。

3. 探伤情况

(1)小型钢轨探伤仪:2013 年 1 月 20 日,探伤四工区使用 JGT 型钢轨探伤仪对该处进行了探伤检查,未发现异常波形。

(2)数据回放分析:2013 年 1 月 21 日,对该处进行了回放分析,仪器灵敏度良好,各通道灵敏度值均大于检测灵敏度,仪器出波情况正常,无伤损波形出现,如图 3-10 所示。

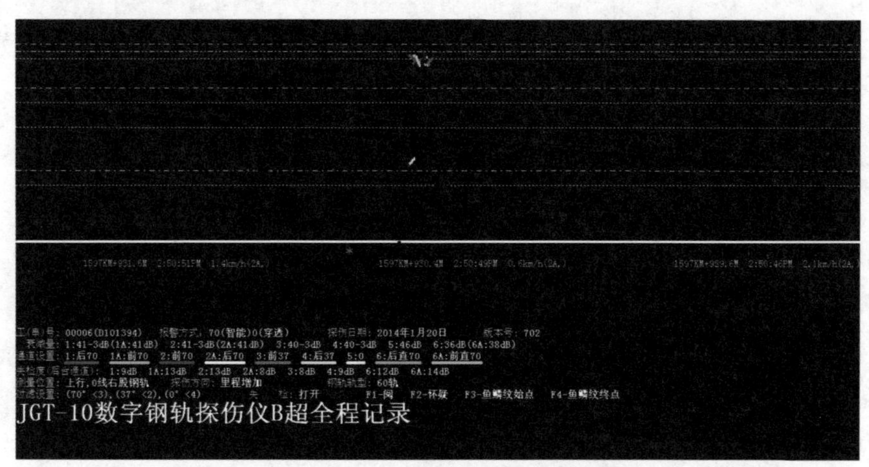

图 3-10　小型钢轨探伤仪波形

(3)大型钢轨探伤车:2013 年 12 月 21 日,铁路局大型钢轨探伤车对该地段进行了探伤检查,未发现该处钢轨异常,当日进行数据回放,未发现异常波形。

4. 动态检测情况

2014 年 1 月 11 日,铁路局轨道检查车检查××线下行 K1597＋800～1598＋000 区段,平均 TQI 值为 12.67 mm,无Ⅱ、Ⅲ、Ⅳ级超限,高低最小峰值－9.37 mm(K1597＋891 左高低)、最大峰值 8.13 mm(K1597＋878 右高低),轨距最大峰值 6.19 mm(K1597＋964),200 m 区段总扣分 5 分(K1597 公里扣分为 27 分),断轨处前后 100 m 波形如图 3-11 所示。

5. 检查情况

(1)2014 年 1 月 9 日,线路工区对××线上行 K1597＋000～K1599＋000 区段进行了设备检查,记录内容与现场相符。

(2)2014 年 1 月 27 日,线路工区安排设备“三折”检查,未发现异常。

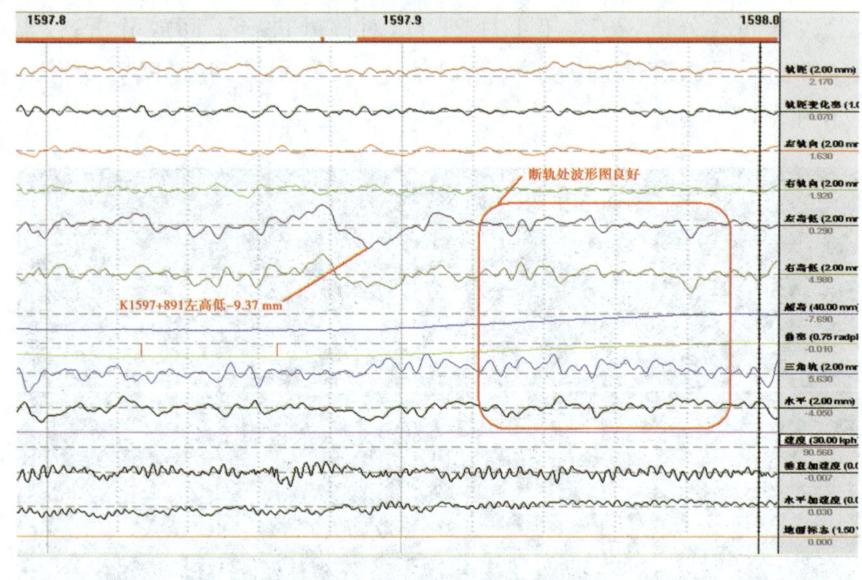

图 3-11　轨道检查车波形示意

三、原因分析

(1)断口位于铝热焊焊缝轨头下颚与轨腰表面的溢流肥边根部,呈多裂纹源形貌,疲劳扩展区呈弧形形状,在焊筋焊剂残留体上产生疲劳伤损源,并发展形成 15 mm×19 mm 疲劳核伤,如图 3-12 所示。

图 3-12　钢轨伤损断面

(2)焊接施工作业不规范,产生溢流肥边造成焊剂残留体上形成伤损并在极寒天气巨大应力作用下,引起焊缝一次性拉开是造成钢轨折断的主要原因。

(3)断轨前后线路道床缺砟严重,线路西头扣件“四紧”严重不达标,线路东头扣件“四紧”良好,易造成钢轨应力不均匀,形成应力集中,是钢轨折断的重要原因。

四、警　　示

(1)加强焊接标准施工作业、焊缝验收作业,严格按照操作程序进行,避免焊接施工遗留伤损隐患,焊接施工后必须打磨焊筋外观,避免灰渣残留。

(2)加强线路养护。一是认真对线路扣件“四紧”工作进行一次补强,确保扭力矩达标;二是加强线路高低吊板的整治;三是及时处理几何尺寸超限,保证线路设备稳定;四是加强隧道内线路养护,补齐缺失部件,保证扣件密贴。

[案例 11]厂焊接头轨底气孔透锈

一、应急处置过程

2015 年 11 月 17 日 4:05,工务段调度人员接到铁路局调度所通知:“××下行线××区间 K1485+500 处出现红光带。”立即启动断轨应急处置预案,根据该区段信号机位置及应急信息图确定需检查的轨道电路区段,通知线路工区进行检查处理。5:23 检查发现××线下行 K1486+170 处左股钢轨垂直折断,钢轨拉开轨缝 3 mm,工长立即组织人员对轨端钻孔,经对断缝处钻 5 孔处理完毕后工务驻站联络员于 5:55 登记开通线路,申请首列限速25 km/h(因断轨处于供电分相区,列车以 25 km/h 无法通过该区段,重新在“运统—46”登记以 45 km/h 开通线路)。线路状况及加固情况如图 3-13 所示。

图 3-13　线路状况及加固情况

二、线路设备及探伤检查情况

1. 线路情况

断缝位于 K1486+170 处两隧道间缓和曲线下股(左股)轨枕边缘,曲线半径 600 m,曲线全长 364.44 m,超高 105 mm,缓和曲线长 140 m,线路由东向西下坡,坡度为 3.2‰。无缝线路,锁定轨温 37 ℃,断轨时轨温 15 ℃,钢轨垂直折断后拉开轨缝 3 mm(调查时轨缝 12 mm)。

钢轨为包钢 P60-U75V,2009 年 7 月生产,2010 年 8 月铺设上道,累计通总质量 425.598 Mt;道床为一级道砟,2012 年大型养路机械清筛,道床饱满、无翻浆;轨枕为Ⅲ型混凝土枕(1 667 根/km)。

2. 伤损情况

断轨前后 50 m 轨距最大+5 mm、最小+3 mm,水平最大+1 mm、最小−2 mm,三角坑最大 3 mm,正矢最小−5 mm、最大+1 mm,连续差最大 6 mm。断轨处轨距+4 mm,水平−1 mm,轨底垫 2 块垫片,垫板总厚度 10 mm,线路几何尺寸未超保养标准,无翻浆吊板。

抽查断轨处前后 200 m 扣件密贴率,东头左股 94%,西头左股 95%,零部件齐全有效。

断面厂焊接头轨底角边外侧存在一处宽 28 mm×高 13 mm 核伤(距轨底角边外侧7 mm处有明显疲劳源),钢轨断面平整,呈一次性垂直折断形态,如图 3-14 所示。

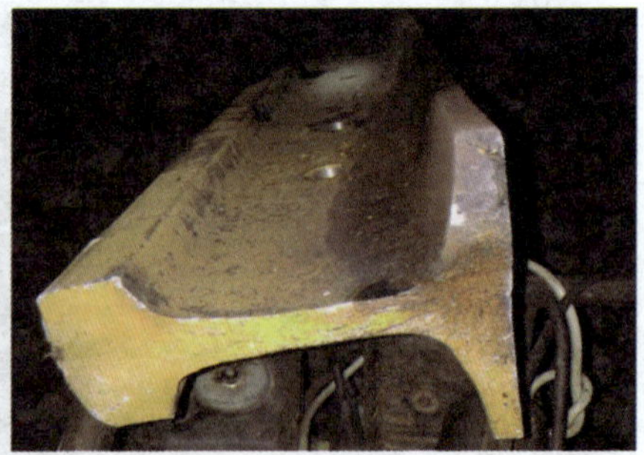

图 3-14　钢轨伤损断面

3. 线路养护情况

查阅工区作业计划,2015 年 11 月,××线下行 K1486+000～K1488+

200区段无作业记录。

4.探伤情况

(1)小型钢轨探伤仪:2015年11月8日,对××线下行K1492+000~K1482+900区段进行探伤,断轨处探伤作业速度为1 km/h,探伤周期为15日。

(2)数据回放分析:11月9日,对××线下行K1492+000~K1482+900区段探伤数据进行回放,K1486+170焊缝处未发现异常波形,如图3-15所示。

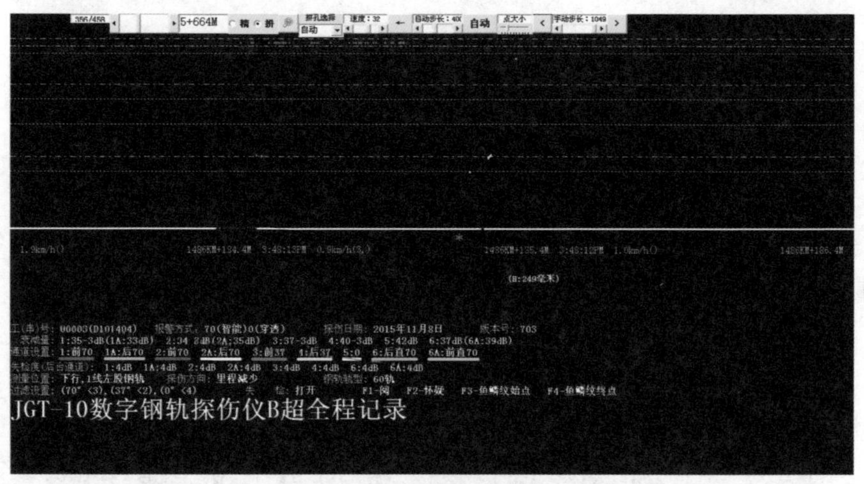

图3-15　小型钢轨探伤仪波形

(3)探伤作业分析:K1486+170左股钢轨位于曲线下股,探头位置正常,未发生失波现象,仪器推机速度1.0 km/h,速度正常。在灵敏度调节上(相对于检测灵敏度),各通道灵敏度均高于检测灵敏度。

(4)大型钢轨探伤车:2015年9月5日,铁路局大型钢轨探伤车检查经过该区段,未发现异常。

5.检查情况

(1)轨道检查车检查:2015年11月10日,铁路局轨道检查车检测××线下行K1486几何尺寸扣分12分(高低扣3分,轨距扣8分,轨距变化率扣1分),K1486公里TQI值为11.73 mm;K1486+170前后波形较平顺,前后50 m范围内无Ⅱ级超限,K1486+194有1处轨距Ⅰ级超限,峰值6.04 mm,如图3-16所示。

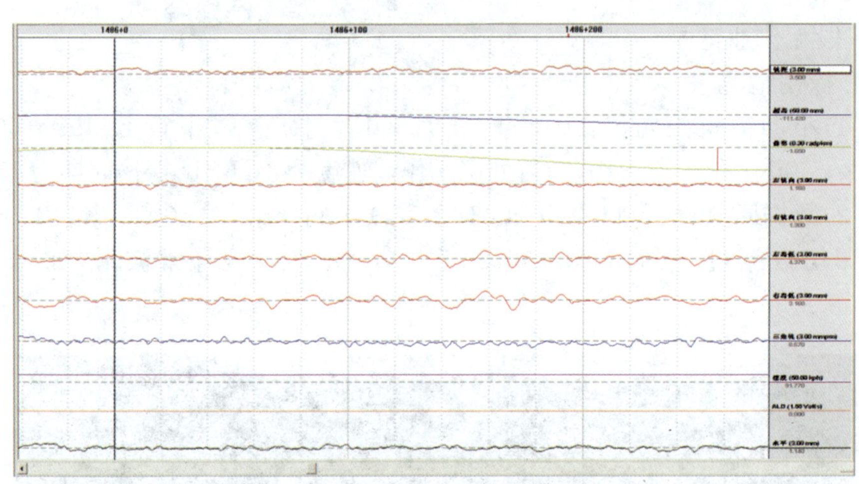

图 3-16　轨道检查车波形

(2)设备检查:2015 年 10 月 19 日—21 日,线路工区进行了“三全”检查;11 月 12 日,线路工区进行设备周巡视检查;10 月 29 日,线路工区进行“三折”检查,均无该处病害记录。

(3)巡道工作业:11 月 17 日 0:00—2:00,线路工区巡道工按照巡回图由工区出发(工区所在里程 K1491+170),沿××上行线向 K1489+200 巡查××区间;2:00—4:00,沿××下行线巡查返回工区,断轨里程 K1486+170 为××区间,未在巡查范围内。

三、原因分析

厂焊接头轨底面存在气孔缺陷,气孔透锈发展成为核伤(钢轨轨底角外侧裙边非探伤区域),削弱了钢轨强度,轨枕边缘处动态剪切应力反复作用,在拉应力、剪切应力共同作用下导致钢轨一次性垂直折断。

四、警　　示

(1)加强厂焊接头的养护与手工检查,防止因线路病害加剧厂焊接头钢轨伤损,同时结合钢轨状态及手工检查,发现可疑处所,必须采取加固措施。

(2)加强厂焊接头探伤检查,严格探伤检查制度,发现可疑处所,采取加密探伤等措施,防止漏探。

[案例 12]焊接疏松缺陷

一、应急处置过程

2016 年 1 月 3 日 7:54,工务段接到铁路局工务部调度人员电话通知:“××线下行第二接近红光带。”立即启动应急预案,通知线路车间值班干部李某某及工区值班副工长刘某某到现场检查,同时向段相关领导汇报。8:41 刘某某现场检查确认下行 K1737+590 处右股钢轨(铝热焊接头)垂直断裂,拉开轨缝 3 mm。8:45 工务人员在车站登记“运统—46”,迅速对断轨处所上臌包夹板进行临时加固处理,拧紧断轨前后 50 m 扣件,并派专人看守。9:13 限速 25 km/h 开通下行 K1737+540～+640 线路;10:26—10:50,工务部门封锁插入 7.35 m 钢轨并钻 6 孔加固后恢复常速开通线路。

二、线路设备及探伤检查情况

1. 线路情况

断缝位于 K1737+590 处缓和曲线上股(右股),曲线半径 1 009 m,曲线全长 423.2 m,超高 110 mm,缓和曲线长 120 m,线路由北向南上坡,坡度为 5.0‰。Ⅱ型混凝土枕,一级道砟,无缝线路,右股锁定轨温 32 ℃,断轨时轨温 8 ℃。

2. 伤损情况

断缝位于铝热焊接头对接两钢轨熔合中心处,北端为攀钢 P60-U75V 轨(2015 年 10 月出厂)、南端为武钢 P60-U75V 轨(2014 年 4 月出厂)。2015 年 11 月 22 日,工务段对下行 K1737+590～K1736+590 区段进行更换长轨施工上道,当日作业轨温 18 ℃,K1736+090 处焊轨前拉伸量 165 mm,锁定轨温 32 ℃;K1737+590 左右股、K1736+090 左右股共 4 处为铝热焊接头,由××工程公司负责现场焊接实施。

钢轨状态良好,无垂直磨耗、侧面磨耗,检查断缝发现铝热焊缝断面中心距轨底以上 10 mm 处有一处宽 50 mm×高 30 mm 半圆形焊接疏松缺陷,如图 3-17 所示。

图 3-17　钢轨伤损断面

3. 线路养护情况

调查断缝处前后 50 m 线路，水平最大 3 mm、最小 0 mm，轨距最大4 mm、最小 0 mm，高低 3 mm，曲线正矢连续差 4 mm、最大最小值差 5 mm。线路无翻浆、吊板，断缝南端扣件密贴率 89%，北端扣件密贴率 90%，道床饱满。

4. 探伤情况

(1)焊缝验收：2015 年 11 月 23 日，探伤工区工长使用 1008 型通用探伤仪对该焊缝进行了全断面探伤验收，未发现伤损。

(2)小型钢轨探伤仪：2015 年 12 月 8 日，对该地段进行了探伤，未发现疑似伤损，如图 3-18 所示。

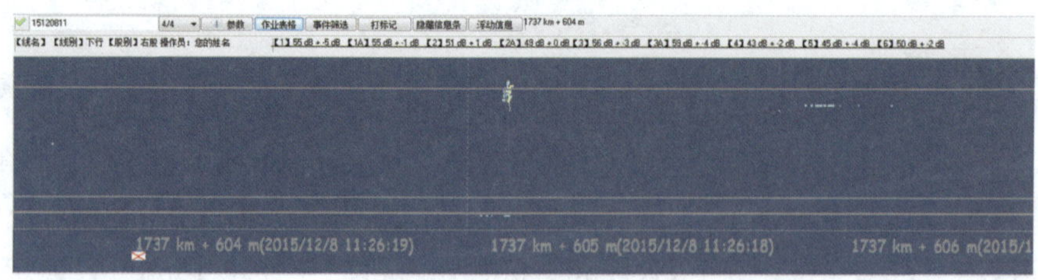

图 3-18　小型钢轨探伤仪波形

(3)数据回放分析：工务段探伤回放分析员当日对该段数据进行了回放，当日作业仪器灵敏度调试设置正常(GT-2 型钢轨探伤仪)，断轨区段探伤速度为 2.46 km/h，该焊缝处做了焊缝标记，回放分析无作业问题，未发现疑似伤损，探伤周期为 27 d。

(4)大型钢轨探伤车:2015 年 12 月 29 日,铁路局大型钢轨探伤车对该地段进行了检查,未发现疑似伤损,如图 3-19 所示。

图 3-19　大型钢轨探伤车波形

5. 动态检测情况

(1)轨道检查车检查:2015 年 12 月 28 日,铁路局轨道检查车最近一次检查,波形图里程超前现场里程 120 m 左右,K1737＋590 在波形图上的实际里程是 K1737＋710,前后 100 m 范围内无轨道检查车Ⅰ级以上扣分,如图 3-20 所示。

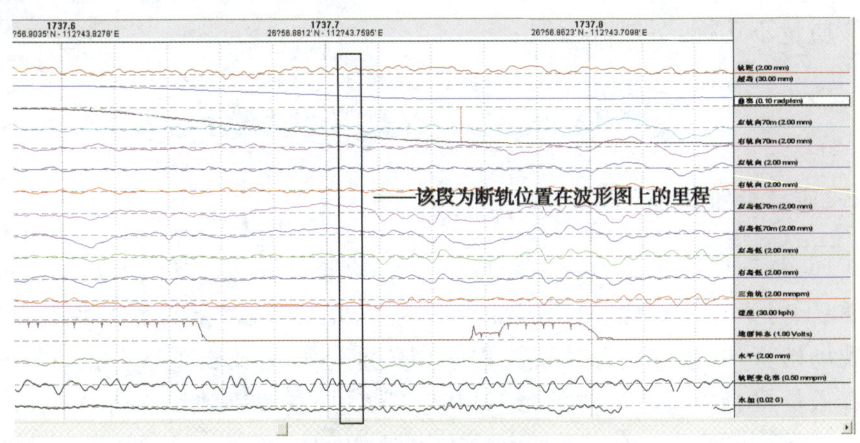

图 3-20　轨道检查车波形

(2)车载式线路检查仪数据:查看2015年12月27日12:00—2016年1月3日12:00车载式线路检查仪数据,该处前后100 m线路无车载Ⅱ级以上报警显示。

6.检查情况

2015年11月29日,该地段进行了大型养路机械捣固作业,至后未进行其他动道作业。

2015年12月22日,线路工区进行了"三全"检查,未发现该处异常。

2015年12月28日,线路车间巡道工对该地段进行线路巡查,未发现异常。

三、原因分析

××工程公司焊接工艺控制不到位,铝热焊接质量不达标,焊缝断面中心距轨底10 mm处形成半圆形焊接疏松缺陷,钢轨焊缝强度不足,加之昼夜温差大,在车轮冲击辗压下导致铝热焊缝一次性垂直折断。

四、警　　示

(1)加强焊接现场质量监控,焊接时应进行全程音视录像,并定期进行专业回放分析,发现作业流程不对时,要立即进行探伤复查。

(2)加强探伤检查质量,对于焊接接头一定要反复探、多次探,防止铝热焊接接头质量不达标,"带病"上线。

[案例13]铝热焊接工艺缺陷

一、应急处置过程

2016年3月5日6:55,工务段调度值班室接到工务部调度人员通知:"××线下行14059AG信号机闪红光带。"立即通知线路车间及工区组织人员前往现场检查,并按照应急处置流程向相关业务科室及段领导汇报。7:35现场检查人员检查发现××线下行K1406+580处左股钢轨铝热焊接头一次性垂直折断,拉开轨缝6 mm。现场检查人员立即对断缝进行紧急加固处理,8:11加固处理完毕后,××线下行K1406+550～+650区段限速25 km/h放行列车,并安排人员现场看守。12:26—13:25,申请临时天窗插入 12.4 m 钢轨进行焊复处理后,恢复常速开通线路,线路状况如图 3-21 所示。

图 3-21　线路状况

二、线路设备情况

1. 线路情况

断轨处为铝热焊接接头,位于直线长大下坡地段(坡度 12‰);跨区间无缝线路,锁定轨温 32 ℃,断轨时轨温 17 ℃,Ⅱ型混凝土枕(1 797 根/km),弹条扣件,花岗岩与石灰岩混合道砟。道床饱满,无白砟、翻浆。

2. 伤损情况

该地段长轨条为 P60 钢轨,2009 年 1 月生产,2009 年 5 月铺设上道,累计通过总质量 530.078 Mt。

断缝处铝热焊接接头为 2014 年 4 月 24 日综合维修车间三工区应力放散焊接上道(焊缝东西端均为武钢 U75V 钢轨),断缝处钢轨垂直磨耗 2 mm,无侧面磨耗。

检查断轨前后 50 m 线路几何尺寸,轨距最大+5 mm、最小+1 mm,水平最大+2 mm、最小−2 mm,三角坑最大 4 mm;断轨处轨距+1 mm、水平0 mm,无明显吊板和高低;现场抽查断缝东头扣件密贴率 98%,西头扣件密贴率 98%。

断面内侧轨底角存在一处宽 6 mm×高 10 mm 焊接疏松缺陷,从轨底面观察焊接疏松形成孔洞形开裂状,如图 3-22～图 3-24 所示。

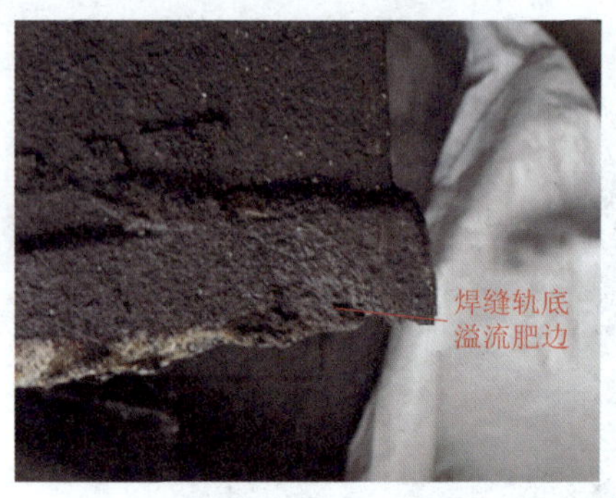

图 3-22　轨底溢流肥边

图 3-23　轨底形成孔洞

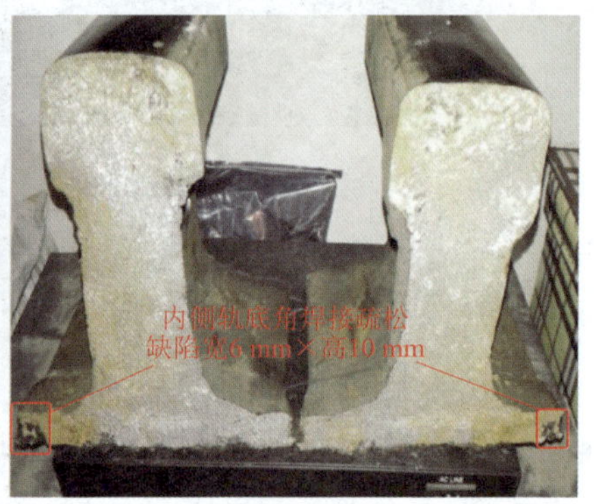

图 3-24　钢轨轨底角边疏松

3. 线路养护情况

(1)检查作业:2016 年 2 月 16 日,线路工区对该地段进行“三全”检查,3 月 3 日工区进行周巡视检查,均未发现该处焊缝存在异常情况。2016 年 2 月 6 日,工区在下行 K1406＋700～＋800(桥上)处理晃车,未在断轨处作业,断轨处无动道作业。查工区台账,下行线无重伤钢轨,上行线 1 处重伤位于 K1404＋440 处左股(核伤)。

(2)轨检小车检查:2016 年 2 月,线路工区检查××线下行轨检小车 A 类问题 1 处(下行 K1406＋760 左高低,最大峰值－9 mm,该位置无 B 类问题)。

4. 探伤情况

(1)焊缝验收及全断面焊缝探伤:2014 年 4 月 24 日,应力放散后综合维修车间探伤人员(探伤人员配置到焊连组)进行了全断面探伤验收,验收时未发现焊接缺陷。2014 年下半年、2015 年探伤车间两次全断面焊缝探伤均未有伤损记录(最近一次全断面焊缝探伤时间为 2015 年 8 月 14 日,该位置探伤因存在干扰回波,发现缺陷有较大难度)。

(2)小型钢轨探伤仪:2016 年 2 月 24 日,工区使用 JGT-10 型钢轨探伤仪对 K1410+500～K1402+700 进行探伤。推机过程中,探头位置正常,出波饱满,未发生失波现象,推机速度 1.9 km/h,速度正常;在灵敏度调节上(相对于检测灵敏度),各通道均高于检测灵敏度,当日探伤检查未发现断轨处有异常情况(伤损位于探伤仪检测盲区),无伤损记录。对最近 3 个周期检测数据进行回放分析(上两个周期为 1 月 23 日、2 月 2 日),该处无疑似伤损波形,探伤作业情况正常,如图 3-25 和图 3-26 所示。

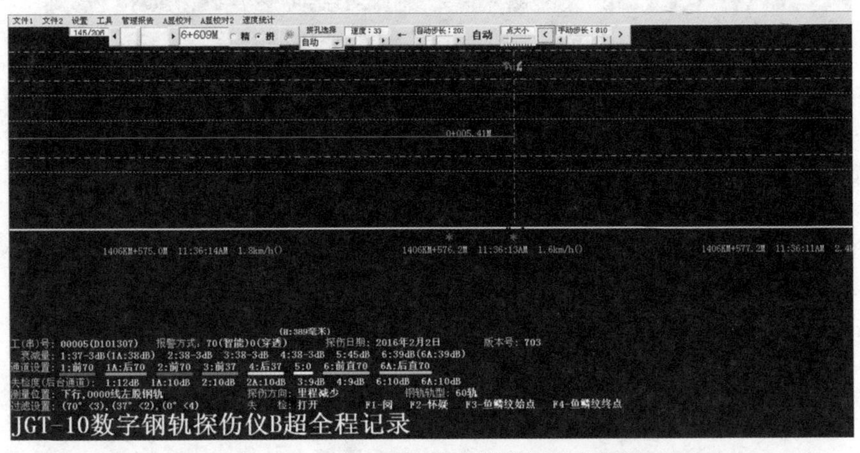

图 3-25　1 月 13 日小型钢轨探伤车波形

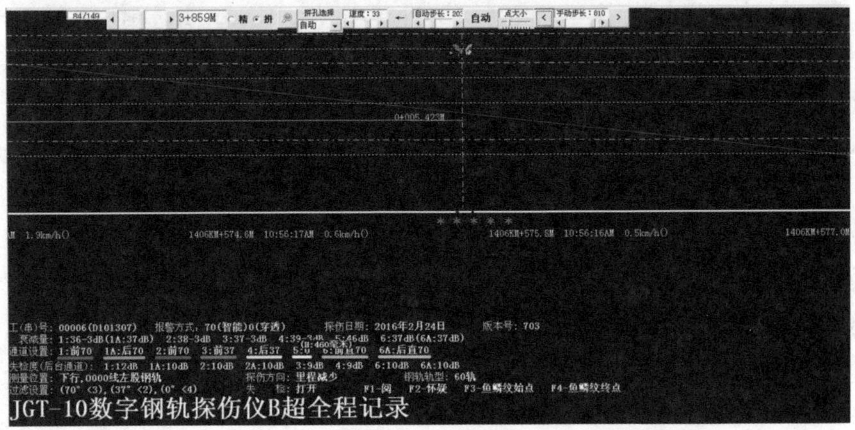

图 3-26　2 月 2 日小型钢轨探伤车波形

(3)数据回放分析:工务段回放员于 2 月 25 日对 2 月 24 日下行 K1410+500～K1402+700 探伤数据进行了回放,K1406+578 处左股铝热焊处无异常波形显示,未发现伤损,如图 3-27 所示。

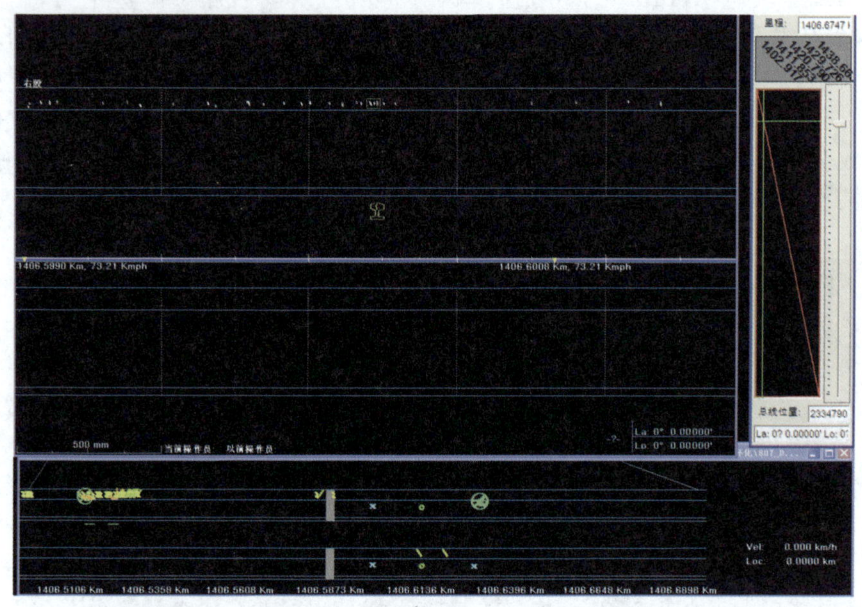

图 3-27　2 月 24 日小型钢轨探伤车波形

(4)大型钢轨探伤车:2015 年 12 月 12 日,铁路局钢轨探伤车(检测速度 80 km/h)对该区段进行探伤,该处检测速度为 73.21 km/h,探伤情况正常,未见可疑伤损反射波。

5.动态检查情况

(1)轨道检查车检查:2016 年 2 月 16 日,铁路局轨道检查车检测××线下行 K1406+580 前后 100 m 无几何尺寸Ⅰ级及以上超限处所,波形平顺,K1406+400～+600 单元 TQI 值为 8.63 mm(全线 TQI 值 8.88 mm),轨道检查车波形如图 3-28 所示。

(2)车载式线路检查仪检查:2016 年 2 月 15 日至后该处无Ⅱ级及以上车载式线路检查仪报警。

(3)人工添乘检查:2016 年 2 月 24 日,线路科添乘检查××下行线,该处无晃车,线路设备正常。

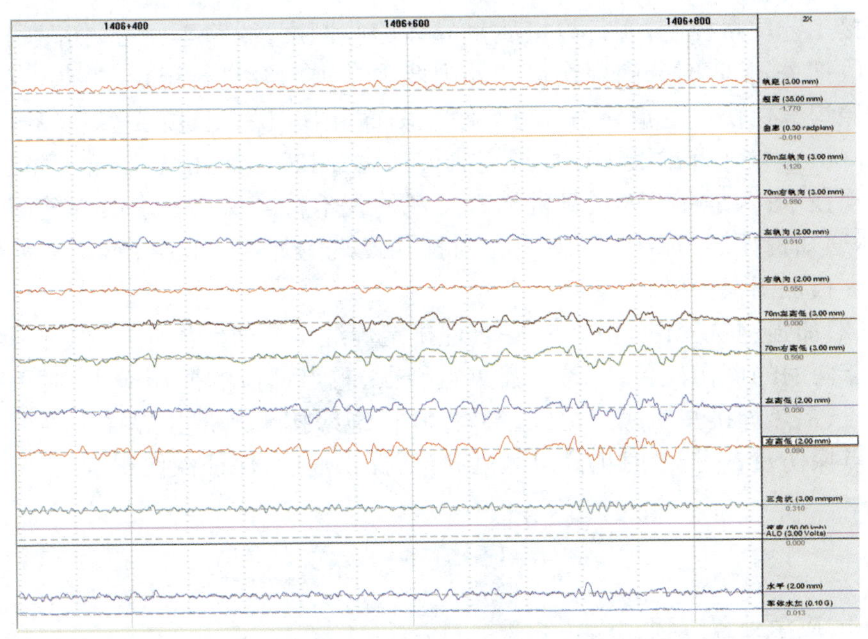

图 3-28　轨道检查车波形

三、原因分析

(1)钢轨轨底角存在疏松缺陷,使材料不连续,降低了有效截面积,产生应力集中,在应力作用下形成裂纹,成为断裂起源,在列车运行过程中,裂纹不断扩展直至钢轨折断。

(2)铝热焊工艺存在缺陷是造成本次断轨的主要原因。在焊接过程中综合维修车间未落实作业标准,导致钢轨轨底角处形成溢流肥边,造成轨底角内部疏松缺陷。由于该位置的疏松缺陷探伤存在干扰回波,发现缺陷有较大难度。

四、警　　示

(1)加强铝热焊接管理及全断面探伤验收。一是严把选轨关,选择高度、宽度差匹配相符的钢轨进行焊接;二是严格施焊,对存在高度、宽度差的钢轨严格按照规定要求施焊;三是严把打磨关,焊后须打磨达到平顺要求,做好焊缝外观处理,焊后由焊接人员处理好焊缝肥边、焊渣、焊瘤和除砂;四是严格铝热焊接工艺质量控制，实行焊接质量异体验收制度，线路车间、探伤车间要做好验收把关，验收时分内部伤损和外观两项单独内容进行记录、签认；五是严格按照焊缝探伤作业指导书进行焊缝全断面探伤，探伤长度要覆盖焊缝两侧各 200 mm，作业标准及工序按规定执行到位，同时要加强培训、学习，提高焊缝探伤技术；六是探伤人员日常检查发现外观不符合探伤要求的焊缝需做好记录，通知责任部门做好处理；七是对探伤发现的焊接不良处所，须采取钻孔安装夹板加固保护措施。

(2)加强钢轨探伤工作。一是合理排定焊缝全断面探伤计划，保证现场焊缝一年两遍的探伤任务；二是加强重点地段、重点部位的探伤检查，对鱼鳞伤损地段、铝热焊接头轨底三角区、尖轨、胶接绝缘接头及带孔焊接头等部位进行重点探伤及查看，及时提高灵敏度，降低探伤速度，保证探伤质量。

[案例 14]焊筋形成疲劳裂纹

一、应急处置过程

2017 年 10 月 22 日，探伤工区按计划对××线下行 K1649＋495～K1639＋700 区段进行线路钢轨探伤检查过程中，探伤作业人员周某某检查 K1649＋490 处时，发现铝热焊接头处仪器前 37°出现明显斜裂纹伤波，现场检查发现裂纹成 45°角从轨颚位置向轨底方向发展，工区立即向段调度部门汇报，通知线路工区处理，并汇报车间。现场探伤工区对焊缝处所前后螺栓进行拧紧加固，待线路工区到达现场处理后，继续完成当日探伤作业。

二、线路设备及探伤检查情况

1. 线路情况

焊缝为 2017 年 1 月 14 日工务段更换钢轨焊接，探伤车间焊缝探伤工区探伤工谌某某(Ⅱ级探伤工)1 月 15 日对该处焊缝进行探伤，焊缝验收合格。

2. 探伤情况

(1)小型钢轨探伤仪：2017 年 8 月 21 日，探伤工区按照计划对该处焊缝进行半年一遍全断面探伤，探伤人周某某(Ⅱ级探伤工)检查未发现伤损。9 月21 日、10 月 22 日探伤工区对该铝热焊接接头进行路轨探伤检查，仪器出波正常，未发现伤损，如图 3-29～图 3-31 所示。

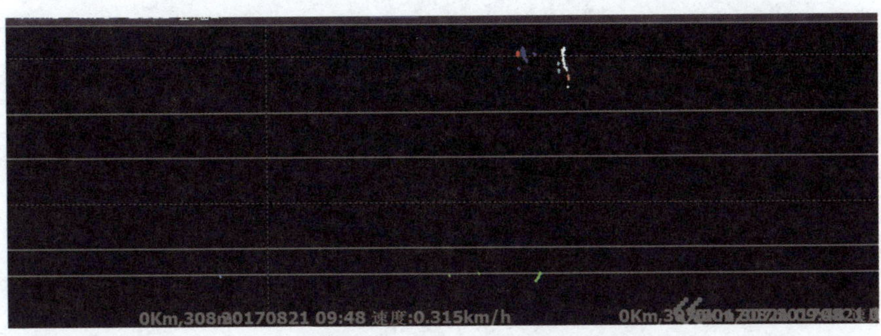

图 3-29　8 月 21 日小型钢轨探伤仪波形

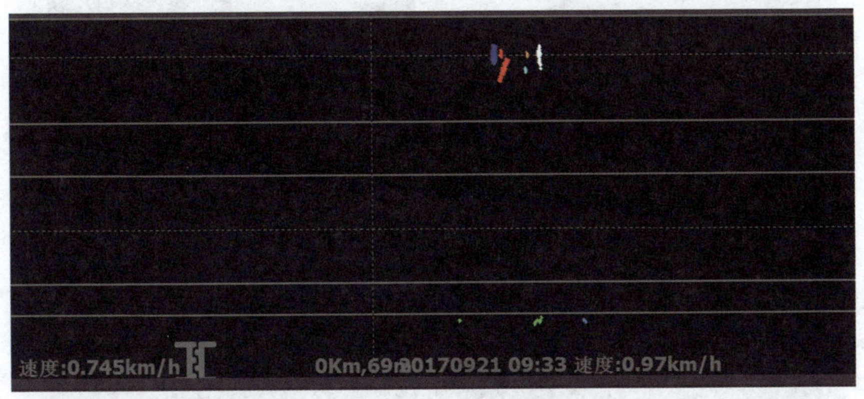

图 3-30　9 月 21 日小型钢轨探伤仪波形

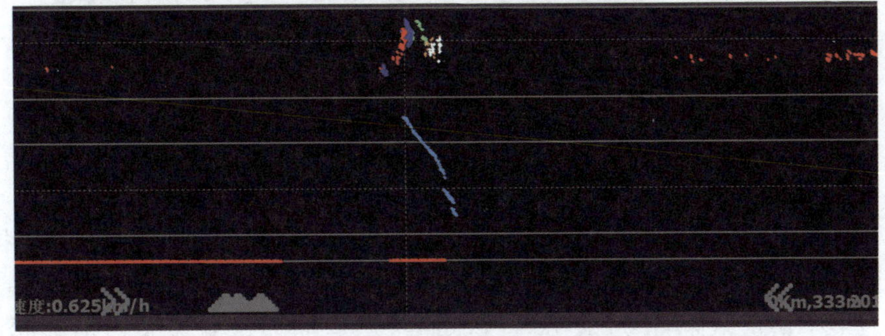

图 3-31　10 月 22 日小型钢轨探伤仪波形

(2)数据回放分析：工务段回放人员对探伤工区 3 个月数据进行回放分

析，工区作业仪器灵敏度调试正常，各通道出波正常，灵敏度达到检测要求。

(3)大型钢轨探伤车：2017 年 3 月 9 日，××段大型钢轨探伤车检查下行 K1649＋490 处时未发现可疑伤损。

三、原因分析

(1)钢轨焊接工艺不良，对断轨处进行分析，钢轨轨颚及轨底部分存在溢流肥边，如图 3-32 所示。

图 3-32　钢轨伤损断面

(2)由于砂模密封不严或焊缝未对正，浇铸时钢水从缝隙处溢流出来，在焊筋边缘的钢轨表面形成溢流肥边，与钢轨表面形成类似折叠裂纹的夹缝，造成应力集中铸造缺陷，形成疲劳裂纹。通常从焊筋边缘溢流肥边根部起源的疲劳裂纹是在轨头下颚、轨底角和轨底下表面，轨头下颚的裂纹源通常为多裂纹源，是造成钢轨折断的主要原因。

四、警　　示

落实好焊接作业标准，一是焊接前对需要焊接钢轨进行确认，对达不到焊接标准的钢轨不得进行焊接；二是加强对焊接后外观处理，对钢轨进行打磨处理后，应对钢轨轨颚、轨角边进行细打磨。

[案例15]焊剂反应温度偏低

一、应急处置过程

2017年12月3日3:31，工务段调度人员接到工务部调度室电话通知："××线下行××站接近轨出现红光带。"立即启动应急处置预案，通知线路车间主任潘某某和线路工区班长李某某(当日工区值班)派人前往现场进行检查，同时将该情况依次向值班领导及段长汇报。工务段线路技术科、安全调度科相关人员立即赶往现场调查。线路工区接到通知后，立即启动断轨应急处置程序，班长李某某立即组织4人携带应急处置工具和防护用品赶往现场检查，4:11现场检查人员发现K1512+560处曲线上股左股钢轨折断(距西头绝缘接头6.66 m)，拉开轨缝4 mm。工区立即对断轨处上夹板加固，并对断轨前后100 m线路扣件"四紧"加力；5:07临时加固处理完毕并拧紧断缝前后各50 m线路扣件后限速25 km/h开通线路。8:02—9:15，临时要点插入9.21 m短轨将伤轨更换下道，于9:15申请开通并恢复常速。

二、线路设备及探伤检查情况

1. 线路情况

下行线K1512+560处为铝热焊接头，钢轨为武钢P60-U75V，于2011年8月18日上道，通过总质量512.4 Mt。断轨位于缓和曲线上股，曲线半径800 m，曲线全长344.82 m，超高70 mm，缓和曲线长150 m。现场道床为一级道砟，石砟饱满，道床状态良好，轨枕为Ⅱ型混凝土枕(1 760根/km)。

2. 伤损情况

断轨位于缓和曲线距圆缓点15 m处，轨距最大+7 mm、最小+5 mm，水平最大+6 mm、最小+1 mm，三角坑最大5 mm，胶垫失效4块，钢轨侧面磨耗11 mm、垂直磨耗6 mm，无明显高低、吊板。扣件"四紧"东端98%、西端

92%，零部件齐全，无失效情况。

钢轨轨底角边距外侧 36 mm 处存在一处宽 13 mm×高 5 mm 核伤，钢轨伤损断面如图 3-33 所示。

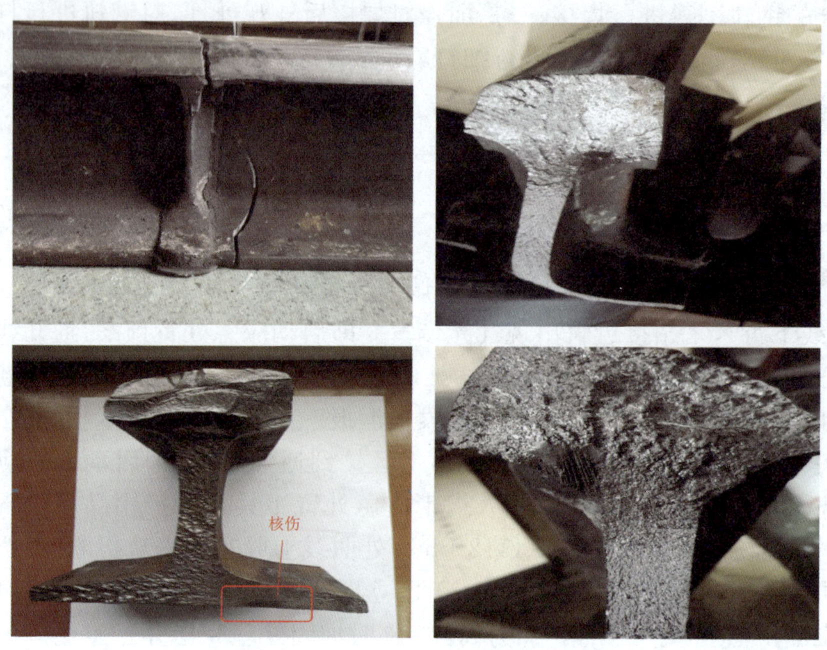

图 3-33　钢轨伤损断面

3. 线路养护情况

(1)线路检查：2017 年 12 月 1 日，工区对下行线 K1512＋400～＋700 区段进行检查，主要问题为 K1512＋640～＋780 区段扣板锈蚀 240 块。

(2)动道作业：下行线 K1512＋400～＋700 区段，断轨前近 2 个月工区均未在该区段作业。

(3)焊接作业：2017 年 8 月 18 日，××公司焊接队伍负责对××线下行 K1512＋560 左股进行胶接绝缘处理，天窗给点 120 min，开始焊轨时 28 ℃，结束焊轨时 28 ℃。现场作业正点开通。

4. 探伤情况

(1)焊缝验收：2017 年 8 月 19 日，焊缝探伤工区对该处焊缝进行焊缝探伤验收，轨面蓝光，内侧作用边侧面磨耗严重，现场探伤该处无伤。

(2)焊缝探伤:2017 年 9 月 6 日,探伤工区对该处焊缝进行全断面探伤,现场探伤未发现伤损。

(3)小型钢轨探伤仪:工务段制定的此区段母材探伤周期为 30 d 一遍,2017 年 11 月 22 日,探伤工区使用 GT-2＋型数字探伤仪对××下行 K1513＋400～K1506＋300 进行探伤,该地段未发现伤损,该处无伤损记录。作业后工区回放员、调度值班室回放员对当日探伤作业数据进行回放分析,分析日报上均无疑似伤损和作业问题。

(4)数据回放分析:对最近三个周期探伤数据进行回放分析(2017 年 9 月 22 日、10 月 22 日、11 月 22 日),探伤灵敏度度及作业情况正常,断轨处未见疑似伤损波形,如图 3-34 所示。

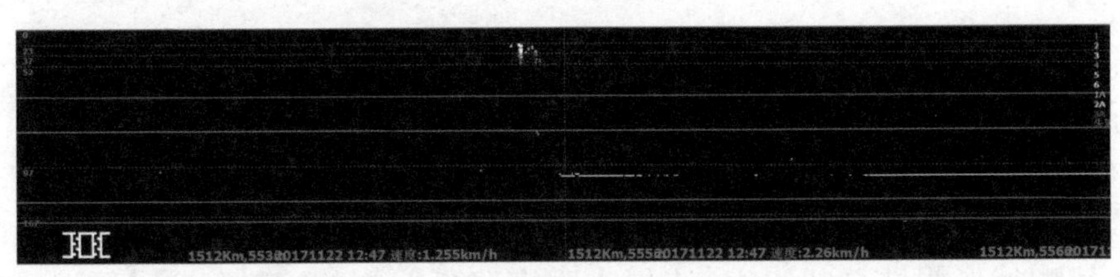

图 3-34　11 月 22 日小型钢轨探伤仪波形

5. 动态检测情况

(1)轨道检查车:2017 年 11 月 13 日,对该区段进行检查,经核对轨道检查车里程与现场里程误差 56 m,断轨处所下行 K1512＋560 对应轨道检查车里程为 K1512＋616,轨距＋8 mm(钢轨侧面磨耗 8 mm),左高低＋3. 4 mm,往西 4 m 处左高低－3. 6 mm,对应右高低－3. 2 mm,三角坑 3. 9 mm,同时距离断轨处前后 50 m 范围内高低最大 5. 9 mm,三角坑最大 6 mm,如图 3-35 所示。

(2)车载式线路检查仪:2017 年 11 月 22 日,车载式线路检查仪在断轨处所前后报警垂向加速度 0. 13g,水平加速度 0. 04g,车速 90 km/h。

(3)人工添乘:2017 年 11 月 21 日线路技术科添乘、11 月 22 日桥隧科添乘,均无该处所晃车及添乘仪报警情况。

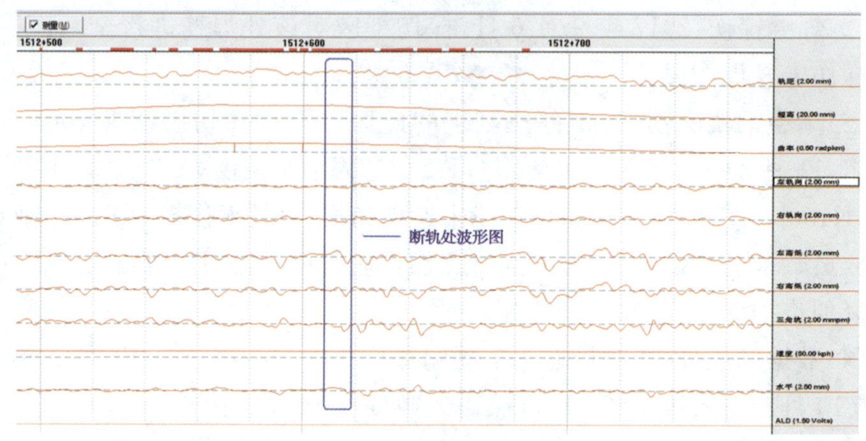

图 3-35　轨道检查车波形

三、原因分析

(1)由于钢轨侧面磨耗和垂直磨耗严重,焊连施工中装模时与钢轨有较大间隙,预热温度会有损失。另外焊剂反应温度偏低,钢水在凝固时结晶不正常,在轨颚处形成枝晶状组织,使焊头强度降低,过早推瘤造成加强焊筋处存在溢留肥边,形成外部伤源。同时该处钢轨位于缓和曲线上股,近期气温下降,昼夜温差大,在列车荷载作用力冲击下,钢轨抗剪切能力急剧下降,造成钢轨一次性折断。

(2)××公司焊接队伍在管内进行钢轨焊接作业时,没有严格按照文件要求进行全过程检查、盯控和管理,只是对施工安全进行了全过程盯控,完工后在现场焊轨施工记录卡上进行了现场签认,没有对焊头质量进行现场验收。施工负责人现场没有填记“钢轨铝热焊焊接施工现场盯控表”。

(3)查段焊接视频只保存了 2017 年 10 月以来的视频,以前焊接视频已全部删除,造成对断轨现场作业时的情况无法进行回放调查分析。

四、警　　示

(1)线路技术科提供给探伤车间的焊接周计划施工地点应保证准确无误,确保检查监控车间焊缝工区对焊头在 24 h 内探伤检查到位。

(2)焊接作业必须严格按照要求进行标准化作业,严禁违规作业、简化作业程序。

(3)探伤车间应加强对焊头的外观验收。因焊头外观影响探伤检查作业时,向线路技术科汇报,由线路技术科安排当日焊接队伍对焊头外观进行返工,达到探伤标准后再由探伤车间焊缝工区按规定程序进行探伤检查。

(4)加强对委外焊接队伍的日常管理,加大现场跟班抽查及验收力度,对检查发现的问题督促整改到位。对经常发生问题的焊接队伍坚决予以辞退。

(5)工务段调度值班室加强对焊接视频的回放工作,所有焊接作业视频必须按要求进行保存,并按照规定进行回放。

[案例 16]轨底气孔缺陷

一、应急处置过程

2019 年 2 月 1 日 0:46,工务段调度人员接到铁路局集团公司工务部调度室通知:"××线下行××区间一离去出现红光带。"立即启动断轨应急预案,通知线路车间主任、线路工区工长,依次向段值班领导、安全副段长、段长和党委书记汇报并通知相关科室负责人。接到通知后,线路车间副主任方某某随即安排线路工区驻站联络员前往运转室登记"运统—46",并组织线路工区共 10 人携带断轨检查架、应急工机具赶往现场检查。1:25 现场检查发现××线下行 K82+455 处左股钢轨铝热焊接接头垂直折断,拉开轨缝 6 mm。1:57 加固处理后限速 25 km/h开通线路。3:35—5:18,临时要点插入 12.5 m 短轨后,线路恢复常速。

二、线路设备及探伤检查情况

1. 线路情况

断轨处所位于 K82+455 处左股(圆曲线),曲线半径 800 m,曲线全长 964.78 m,超高 135 mm,缓和曲线长 150 m,K81+775~K82+525 为 0.3‰下坡段。跨区间无缝线路,锁定轨温 30 ℃,断轨时轨温 1 ℃;Ⅲ型混凝土枕(1 667 根/km),Ⅱ型弹条扣件,花岗岩一级道砟。

断轨处焊缝为 2015 年 12 月 14 日中铁××局利用德焊工艺现场焊接。断轨处东端钢轨为攀钢 2015 年 11 月生产 P60-U75V 轨,西端钢轨为武钢 2015 年 5 月生产 P60-U75V 轨,2016 年 1 月 20 日上道使用(双线开通),累计通过总质量 75 Mt。

2. 伤损情况

检查断轨处前后 100 m 线路几何尺寸,轨距最大+2 mm、最小+1 mm,

水平最大+3 mm、最小 0 mm。抽查断轨处前后扣件密贴率,断缝东端密贴率 98%,断缝西端密贴率 96%。零部件齐全有效,无线路翻浆等病害。

断缝轨面距离铝热焊焊缝 46 mm,轨底断面正位于铝热焊焊缝熔合处,距外侧轨底裙边 32 mm 处有直径 3 mm 气孔,距外侧轨底裙边 15 mm 处有长 40 mm×深 13 mm 透锈。

3. 线路养护情况

(1)仪器检查:2018 年 11 月 14 日,检查工区对××线下行 K81+600～K89+900 进行检查,K82+455 前后 100 m 无超限处所,几何尺寸正常。

(2)手工检查:2018 年 1 月 24 日,对××线下行 K81+600～K89+900 进行检查,K82+455 前后 100 m 无超限处所,几何尺寸正常,无吊板翻浆。

(3)动道作业:××线路工区最近 3 个月未在该处作业。2017 年 6 月 12 日,进行了大型养路机械捣固作业,作业里程为××线下行 K81+800～K84+800。

4. 探伤情况

(1)小型钢轨探伤仪:2019 年 1 月 7 日,探伤工区使用 GCT-8C 型钢轨探伤仪对该区段线路进行探伤,探伤仪器耦合良好,灵敏度正常,断轨处下行 K82+455 左股,铝热焊无异常(透锈伤损为探伤仪探伤盲区)。通过断轨处所探伤即时速度为 0.3 km/h,未超速,如图 3-36 所示。

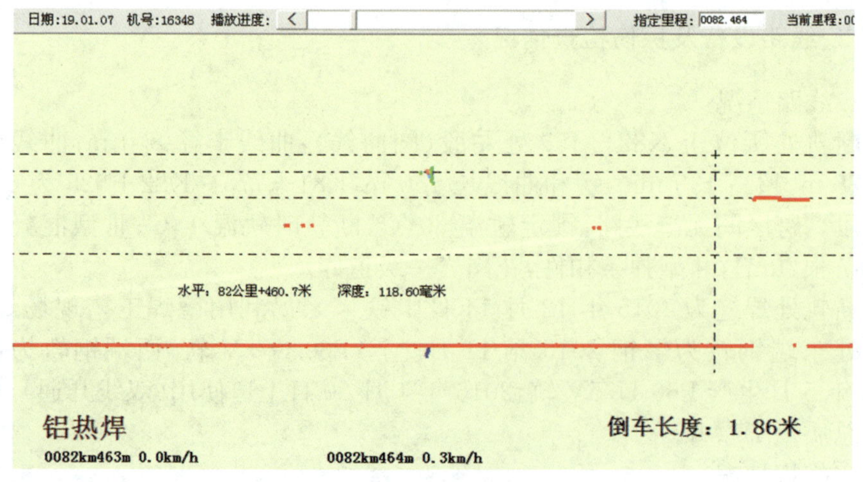

图 3-36　小型钢轨探伤仪波形

(2)数据回放分析:2019 年 1 月 8 日,段调度值班室回放员对探伤数据进行分析,仪器各通道灵敏度正常,作业情况正常。

(3)焊缝探伤:2015 年 12 月 14 日,中铁××局利用德焊工艺现场焊接(工程线);2015 年 12 月 26 日,探伤工区对此焊缝进行探伤检查,未见异常伤波。2016 年 1 月 20 日××线双线开通。

2018 年 12 月 12 日,探伤工区使用 HT-10 型焊缝探伤仪对此焊缝进行探伤,执仪人王某某发现该处焊缝有疑似伤波,随即向工长李某某反映,经过与工长长达 10 min 业务探讨后,将该焊缝判轻伤纳入探伤周期监控。

5. 动态检测情况

2019 年 1 月 13 日,利用轨道检查车对该区段进行检查,××线下行 K82+455 前后 200 m 扣分 0 分,TQI 值 5. 57 mm,断轨处 K82+455 位于设备波形图 K82+370 处,该断口前后 100 m 线路无Ⅰ、Ⅱ级超限,如图 3-37 所示。

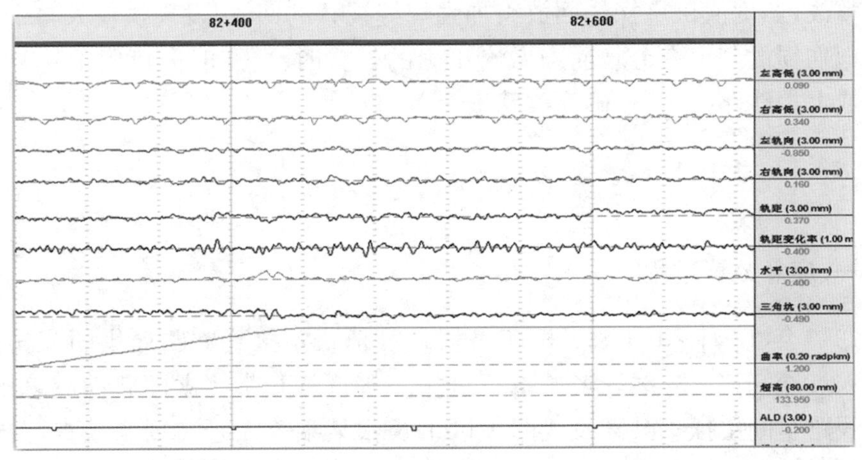

图 3-37　轨道检查车波形

三、原因分析

焊缝轨底由于上道焊接时有 3 mm 气孔缺陷,往上发展至焊筋熔合线处逐步形成长 40 mm×深 13 mm 透锈伤损,产生应力集中,加之气温偏低,在列车动荷载作用下,导致钢轨一次性折断。

四、警　　示

(1)新线交验时新焊缝验收把关不严。新线建设时,未对施工单位焊接质量进行全面介入监督,上道新焊缝未执行 24 h 探伤验收制度,新线焊头的探伤验收流于形式,验收记录不规范。因此应抓好焊接关,按焊接工艺管理办法标准化作业。

(2)线路车间、班组对焊缝检查管理欠缺。一是线路车间、班组未能在线路开通运营后建立焊缝数据台账;二是未能执行半年一遍焊缝平直度及焊缝外观检查,没有对已经完成的部分焊缝检查结果进行详细记录,对焊缝轨底焊筋打磨不彻底、存在夹皮未及时处理。

(3)抓好探伤管理,加大对钢轨探伤数据和焊缝探伤视频的抽查力度。重点加强现场标准化作业的回放分析,对存在的重点难问题及时通报、考核,并抓好整改;调度值班室探伤回放组加强焊缝视频的回放,发现执仪人与带班人对疑似伤损的判定有分歧而未做出正确的处置时,要及时向班组下达复核通知书或上报线路技术科,确保线路安全。

[案例 17]焊缝存在粗晶缺陷

一、应急处置过程

2019 年 12 月 20 日 19:35,工务段调度值班室接到铁路局集团公司行车调度人员通知:“××线××站下行进站三接近红光带。”立即启动应急预案,通知线路车间主任王某某及线路工区工长张某某等人赶往现场检查,并向段相关领导及科室负责人汇报。工长张某某接到通知后立即组织 3 名职工携带应急工机具赶往现场检查,20:19 发现下行 K1110+400 右股钢轨铝热焊焊缝处一次性垂直折断,轨缝拉开 5 mm,现场应急处置人员立即对断轨处采取钻孔上臌包夹板加固措施,20:46 限速 25 km/h 开通线路。12 月 21 日 0:38 插入 8.886 m 钢轨钻 6 孔上平直接头夹板后,恢复常速开通线路,断轨钻孔加固及焊接如图 3-38所示。

图 3-38　断轨钻孔加固及焊接

二、线路设备及探伤检查情况

1. 线路情况

断缝位于下行 K1110＋400 右股铝热焊缝中心处，为缓和曲线下股，距缓圆点约 56 m。该区段为无缝线路，4.5‰上坡，Ⅲ型混凝土枕（1 667 根/km），弹条扣件，花岗岩一级道砟。断轨时现场轨温 4 ℃，长轨条锁定轨温 32 ℃，如图 3-39 所示。

图 3-39　伤损钢轨断面

该铝热焊接头为 2019 年 12 月 19 日更换曲线磨耗轨施工时外聘××工程公司焊接，焊接时轨温 5 ℃。断轨处位于铝热焊缝正中心，焊缝东侧钢轨为攀钢 P60-U75V 型，2017 年 7 月生产，2017 年 11 月 30 日上道（单元轨条锁定轨温 32 ℃）；西侧钢轨为攀钢 P60-U75V 型，2019 年 5 月生产，2019 年 12 月 19 日上道（铺设轨温 4 ℃，锁定轨温 32 ℃，实际拉伸量 149 mm）。断轨处钢轨无垂直磨耗、侧面磨耗，轨面情况良好无低塌。

检查断轨处前后 100 m 线路几何尺寸，轨距最大＋3 mm、最小－2 mm，水平最大＋1 mm、最小－3 mm，高低、方向良好，焊缝处无暗坑吊板，零部件齐全有效；抽查断缝东头扣件“四紧”密贴率 98%，西头扣件“四紧”密贴率 92%。

2. 线路养护情况

(1)线路巡查：2019 年 12 月 20 日，线路工区班长刘某某带领 2 名职工在 K1106＋500～K1112＋000 区段进行线路巡查，巡查断轨地段前后 100 m 无设备问题。

(2)动道作业：2019 年 12 月 19 日，××线下行 K1110＋400～＋850 处更换曲线磨耗轨施工，施工开通前施工负责人进行了开通前检查，线路设备满足开通条件，几何尺寸无超作业验收偏差管理值处所。

3. 钢轨焊接情况

2019 年 12 月 19 日，根据铁路局集团公司批复计划，由线路车间组织对××线下行 K1110＋400～＋850 进行更换长轨及焊接施工，施工负责人王某某(车间主任)，盯控干部 3 人、职工 23 人、民工 130 人，施工给点时间 12:53—15:00(127 min)，施工延点 15 min，当日实际作业时间为 142 min。

当日施工首先更换右股，自 K1110＋400 向西进出轨，断轨焊缝为第一个进行焊接的焊缝，13:50 左右完成旧轨拨出、新轨拨进及拉伸、锁定工作，13:53 左右交××工程公司进行焊轨，且××工程公司作业人员在焊缝两头进行钢轨位移标定，焊接过程中钢轨无位移变化；焊轨组可用于焊轨时间约 65 min。开通后 16:13 第一趟限速 45 km/h 列车通过施工现场。

4. 探伤情况

2019 年 12 月 20 日，探伤工区使用 CTS-1008 型通用探伤仪对××线下行 K1110＋400 右股进行新焊缝验收探伤，未发现可疑伤损波形。

三、原因分析

(1)通过分析钢轨断面晶粒情况，该焊缝粗晶范围较广，根据焊缝断面晶粒情况推断为焊轨作业人员未严格按铝热焊接工艺流程作业，提前拆模或推瘤致使焊缝快速冷却导致结晶不良，造成焊缝存在粗晶缺陷，是造成本次断轨的原因。

(2)委外焊接管理不到位。一是××工程公司焊接作业未执行标准化作业流程，根据钢轨断面晶粒情况分析，该断轨焊缝由于快速冷却造成结晶不良，推断××工程公司在焊接施工过程中提前拆模或推瘤；二是焊轨作业未携带执法记录仪，严重违反《钢轨铝热焊接管理办法》等要求线上铝热焊接焊轨全过程架设执法记录仪进行录像的规定；三是焊轨作业外观质量不达标，经检查断轨焊缝轨头下颚存在不同程度的痂皮未清除干净，容易致使钢轨轨头产生核伤造成设备隐患；四是焊轨作业打磨质量差。

(3)委外焊接监管不到位。一是××工程公司携带执法记录仪储存卡损坏，无法正常录制视频，施工负责人和现场盯控干部未能及时发现及采取其他补救措施；二是焊接过程中，施工负责人未能按照要求对铝热焊接工艺过程进行监管，对其存在的提前拆模或推瘤作业未能及时指出并制止；三是焊接验收卡控不到位，对断轨焊缝轨头下颚遗留的痂皮及左股焊缝轨头打磨不到位情况未能要求××工程公司进行返工。

四、警　　示

(1)强化委外施工队伍焊轨管理。一是要进一步强化对管内委外施工焊接队伍管理，严格日常抽查、考核制度，督促委外施工队伍加强自身管理，严格执行标准化作业流程，确保作业安全质量；二是切实加强现场焊接管理，督促跟班干部严格执行带卡跟班制度，加强焊轨流程全过程盯控，规范焊接流程，把好焊轨作业源头关。

(2)强化焊缝探伤管理。一是抓好重点焊缝探伤，督促各单位加强焊缝探伤计划和标准化作业管理，继续利用焊缝探伤视频加强对现场焊缝探伤作业标准化监控，要求各探伤车间排定好探伤计划，保质保量地完成焊缝探伤任务；二是抓好焊缝探伤业务练兵学习，强化对焊缝疑难伤损探伤，提高对新焊缝的验收标准。

案例启示

【启示一】焊接原因引起焊缝钢轨折断主要有焊接材料不良、焊接作业不规范、加强筋存在夹杂物、质量不达标、厂焊接头存在缺陷等多方面因素，这些因素大多是作业过程中造成的，是可控的。

【启示二】加强焊接人员思想意识、业务素质的培训，提高焊接质量：工务部门应定期对管内及委外施工单位焊接、质量监督人员进行思想意识和焊接工艺、流程、质量控制等多方面的培训，使焊接、质量监督人员自觉形成标准意识，杜绝因焊接质量不过关，导致焊接“有病”接头。

【启示三】把住焊接“三道门”：一是加强焊接材料管理，把住焊接材质“第一道门”，防止因检查不严，致使“有病”材料进入焊接环节。二是加强现场焊接盯控工作，焊接现场盯控人员要严格督查焊接人员执行焊接工艺流程，杜绝简化作业及违章作业，把住焊接质量“第二道门”。三是守住焊接质量验收“最后一道门”，质量监督人员对于焊接质量要从焊接工艺、流程、质量标准上把好焊接外观等要求；探伤人员要通过探伤，把好焊接内部质量关，防止出现夹杂、核伤等“有病”接头，为安全埋下“定时炸弹”。

第四章　线路设备保养不良引发钢轨折断

[案例 18]线路养护以垫代捣

一、应急处置过程

2009 年 4 月 10 日 7:42,工务段调度人员接到铁路局工务处调度室电话通知:“××线下行××区间出现红光带。”立即将情况汇报相关领导,并通知线路车间值班干部符某某,同时启动断轨应急预案,工区工长谷某某带领职工 3 人由北往南、工区工长刘某某带领职工 3 人由南往北赶赴现场,经检查发现××线下行 K1710+560 左股钢轨一次性垂直折断,拉开轨缝 5 mm。8:30 工务人员钻孔加固(图 4-1)处理完毕,8:34 登记××线下行K1710+510～+610 第一列限速 25 km/h,第二列限速 80 km/h,同时拧紧接头螺栓及前后 50 m 扣件螺栓,8:50 登记按正常速度开通线路。

图 4-1　现场加固

二、线路设备及探伤检查情况

1. 线路情况

断轨处位于 K1710+560 左股(圆曲线下股)距厂焊焊缝中心南 90 mm 热

影响区处，曲线半径 1 020 m，缓和曲线长 140 m，超高 130 mm。

断轨为攀钢 P60-U75V 轨，2005 年 1 月出厂，2006 年 7 月上道，累计通过总质量 481.721 Mt。无缝线路，锁定轨温 34 ℃，断轨时轨温 14 ℃。

2. 伤损情况

线路几何尺寸良好，无超限、暗坑、吊板；现场从断缝处往北，轨距最大＋4 mm、水平最大 4 mm；从断缝处往南，轨距最大＋3 mm、水平最大 5 mm。扣件不密贴率，北端为 60%，南端为 50%；断缝处超垫 18 mm；焊缝低塌 1 mm。

距轨底内侧边缘 62 mm 有一处 5 mm×12 mm 半圆形疲劳伤损（偏于轨底中心内侧），此伤损区域 0°、37°探头无法探测，如图 4-2 所示。

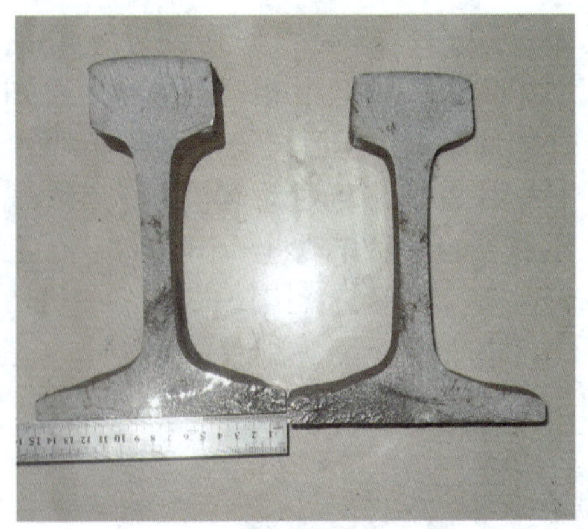

图 4-2　钢轨伤损断面

3. 探伤情况

2009 年 3 月 30 日，探伤工区使用 GT-2 型数字探伤仪探伤检查，当日上道前经调试，仪器性能良好，未发现该处伤损。动态分析组当日对该地段进行回放分析，未发现伤损。

三、原因分析

（1）线路养护不良，对线路日常养护采取以垫代捣，超垫量达 18 mm。在任务紧、人员少的情况下未能做到有计划、有步骤地对超垫处所进行取捣，长此以往超垫情况积重难返，加大了对钢轨的伤害，加之轨底疲劳伤损和焊缝低塌，致使车轮对焊缝的冲击力集中，造成钢轨一次性折断。

（2）线路扣件“四紧”严重不达标，断缝北端不达标为 60%，南端不达标为 50%，造成钢轨一次性拉断。

四、警　　示

(1)加强零部件养护,线路工区每月定期对正线钢轨及其零部件进行一遍全面检查,切实抓好扣件"四紧"工作,确保扣件密贴率达标。

(2)线路工区必须详细掌握管内设备状况,有针对性地做好设备日常维修、保养工作,及时消灭线路各种病害,整治无缝线路钢轨病害,提高设备质量。

[案例 19]辙叉顶面严重轧伤未及时保养

一、应急处置过程

2011 年 4 月 23 日 17:51,列车运行至××站下行出站信号机处,发现有一名中年男性(杨某某,工务段大桥看守工区职工)显示停车手信号,司机周某某立即停车于站内下行线 K1128+200 处,经司机下车询问和现场检查,发现站内下行线 1 号道岔(下行线 K1128+250)左侧辙叉心翼轨断轨,如图 4-3 所示。司机周某某于 17:53 通知车站值班员,车站值班员尹某某立即通知工务、电务、公安、车站值班干部并汇报列车调度员。工务段线路车间副主任罗某某于 18:03 组织人员赶赴现场处理,18:15 登记封锁下行线,经现场加固紧急处理后 18:32 登记限速 5 km/h 开通线路,19:08 登记提速至 15 km/h。20:23—21:05,封锁××站内下行更换 1 号辙叉心,21:05 登记开通线路,21:07 恢复常速。

图 4-3　线路状况

二、线路设备及探伤检查情况

1. 线路情况

道岔于 2006 年 11 月铺设上道,为 P60 钢轨 12 号道岔。翼轨垂直磨耗

6～7 mm，辙叉翼轨可看到有明显表面轧伤（翼轨轧伤长 200 mm×深 4 mm），心轨 0～50 mm 处轧伤长 60 mm×深 3 mm，翼轨肥边 1～2 mm。

辙叉各种零部件齐全，扣件无失效。辙叉部分有吊板（4 mm 左右），几何尺寸无超限（含查照间隔、护背距离）、无翻浆。

2. 伤损情况

断轨位于××站下行线 1 号道岔辙叉直向翼轨（下行通过车直接受力），距辙叉实际尖端 35 mm，断缝 1 mm，上下断口前后距离相差 55 mm（非垂直折断），断缝前后钢轨上下相错约 1 mm。

断面Ⅲ区（轨底）有一处长 8 mm×高 5 mm 黑核（疲劳裂纹），其他部位未见明显伤损，如图 4-4 所示。

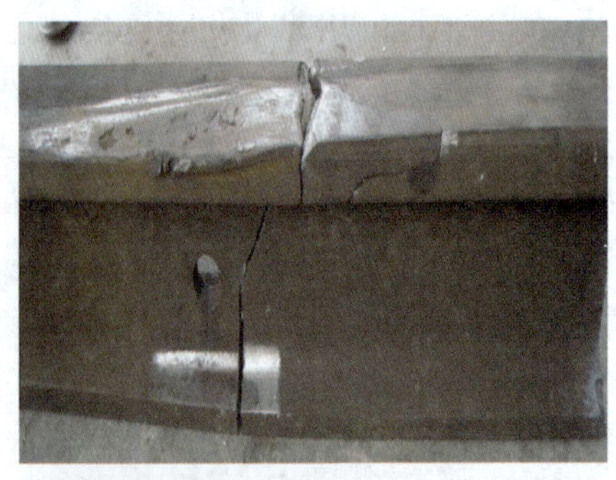

图 4-4　断轨伤损断面

3. 探伤情况

（1）小型钢轨探伤仪：2011 年 4 月 13 日，使用 JGT-10 型数字探伤仪检查下行 K1122＋700～K1129＋200 区段（含正线道岔 7 组），仪器性能正常；9：32 探伤工张某某负责东头 1 号、7 号道岔检查，发现 1 号道岔右翼轨垂直磨耗

5 mm，翼轨扎伤长 200 mm×深4 mm，心轨 0～50 mm 处扎伤长 60 mm×深 3 mm，判定为轻伤有发展（日计划有原始记录及签认），如图 4-5 所示。

图 4-5 断轨伤损现场判定符号

（2）数据回放分析：全程记录数据报告完整，在 1 号道岔处连续作业，灵敏度设置正常，检测速度未超标准；该处 B 型图显示无伤损，A 型显示有 3 处 0°失波；分析 A 型、B 型回放数据，并结合折断钢轨断面分析，该处不算探伤检测漏检，如图 4-6 所示。

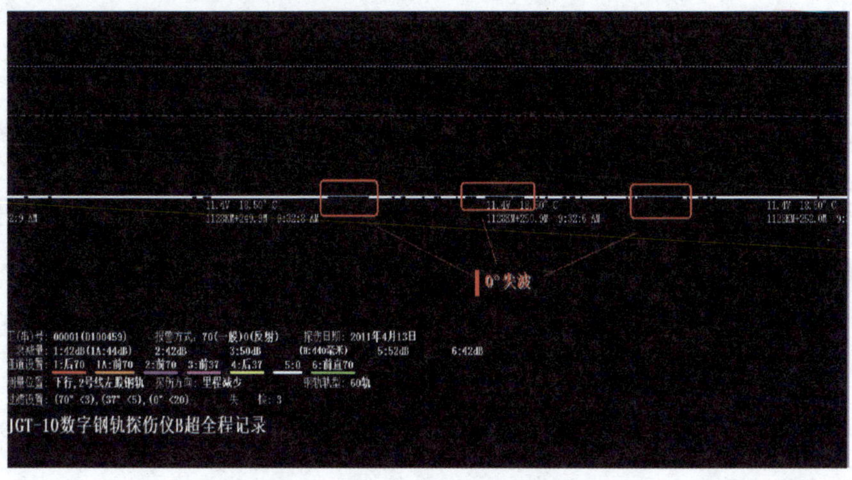

图 4-6 小型钢轨探伤仪波形

三、原因分析

(1)断轨前辙叉翼轨、心轨表面存在严重轧伤,翼轨垂直磨耗大部分已达6 mm(判定轻伤有发展),最多达7 mm(垂直磨耗不均衡,深度不一),列车通过时冲击力加大,是造成辙叉翼轨折断的直接原因。

(2)轨底8 mm×5 mm黑核是折断的直接诱因。

(3)线路车间、工区日常道岔设备养护存在缺陷(辙叉翼轨肥边1～2 mm未及时打磨,辙叉吊板未及时整治等),且辙叉翼轨、心轨表面存在严重轧伤,班组未及时保养是引发此次折断的另一直接原因。

四、警　　示

(1)对于辙叉翼轨、心轨表面轧伤,线路车间、班组应采取对应措施,防止钢轨表面伤损发展为核伤,引起折断。

(2)养路工区必须加强辙叉心、护轨基本轨捣固工作,加强翼轨与心轨肥边打磨工作,确保道岔心轨第一根枕通长铁垫板与叉心心轨之间大胶垫无失效及无空吊、翻浆等线路病害。

[案例20]伤损钢轨加固位置不准确

一、应急处置过程

2011年9月17日6:04,工务段调度人员接到铁路局工务处调度室电话通知:"××线下行K2169+300处信号机红灯。"立即启动应急预案,通知线路车间按断轨应急处置组织人员赶往现场进行检查,同时通知相关段领导。线路工区人员(工区离现场断轨处约2 km)发现××线下行K2169+830处右股钢轨垂直断裂,拉开8 mm。6:40在车站"运统—46"登记,7:25钻孔上夹板处理完毕,开通线路。

二、线路设备及探伤检查情况

1. 线路情况

断轨处位于缓和曲线上,曲线半径800 m,曲线长978.181 m,缓和曲线长

120 m，超高 140 mm；线路坡度 4.3‰，上坡。无缝线路，攀钢 P60-U75V 轨，2004 年生产，2004 年 10 月铺设上道，累计通过总质量 455.829 Mt。锁定轨温 35 ℃，断轨时现场轨温 28 ℃，锁定轨温满足要求。

断缝前后 50 m 检查轨道几何尺寸，轨距最大－2 mm、最小＋3 mm，水平最大＋4 mm、最小 0 mm，三角坑最大 4 mm，道床饱满，无吊板。Ⅲ型混凝土枕弹条扣件线路，扣件扭力达标，作用良好，无超限、无暗坑吊板，曲线圆顺，现场钻 8 孔（2 副夹板）进行加固，其中北头夹板第一孔钻于断轨点下，与探伤数据显示钻孔位置相吻合。

2. 探伤情况

（1）小型钢轨探伤仪：2011 年 8 月 30 日为最近一次探伤，未超探伤周期，当日探伤该处判为重伤（离厂焊南接头 1.6 m，轨头核伤，行车边量入 13 mm，轨面量下 5 mm，伤高 14 mm，伤宽 18 mm），如图 4-7 所示；当日线路工区即对该重伤处所进行了钻孔上夹板加固（由于大修换轨由北往南换至下行 K2167＋200 处，只差一个施工点即可换至该重伤处所）。

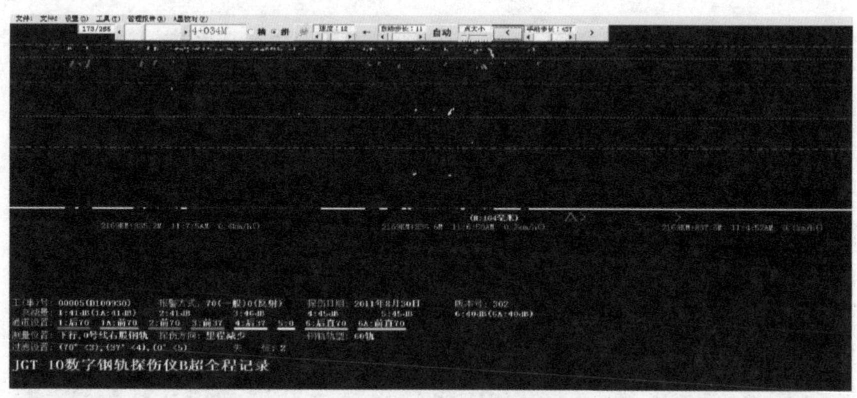

图 4-7　小型钢轨探伤仪波形

（2）探伤小车：2011 年 9 月 9 日，使用探伤小车对该处所进行检查，该处轨面有连续鱼鳞伤损，且轨头有核伤，从小车探伤数据看，该处钻有 5 个孔，其中南头 3 个孔较清晰，北头 2 孔不太清晰，钻孔加固不标准，其中北头第一孔钻在伤损下面，如图 4-8 所示。

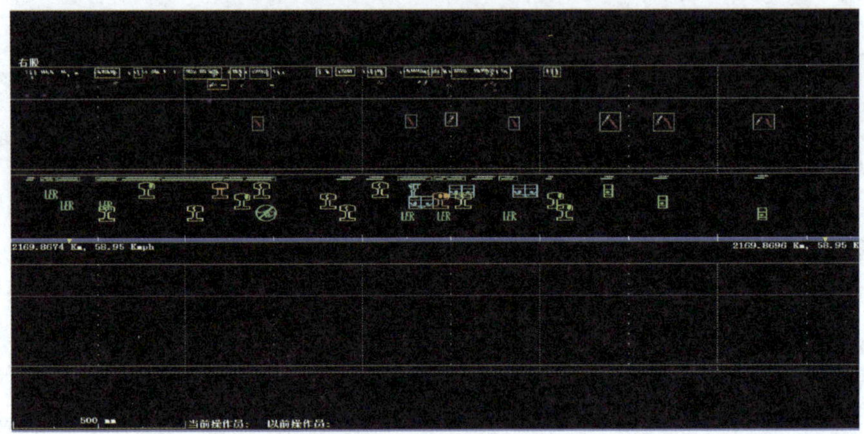

图 4-8　探伤小车波形

(3)大型钢轨探伤车:2011 年 9 月 4 日,使用大型钢轨探伤车对管内××下行线进行检查,回放断轨处图形,该处轨面有明显鱼鳞伤损,并钻有 6 孔,其中南头 3 孔清晰,北头 3 孔不清晰,如图 4-9 所示。

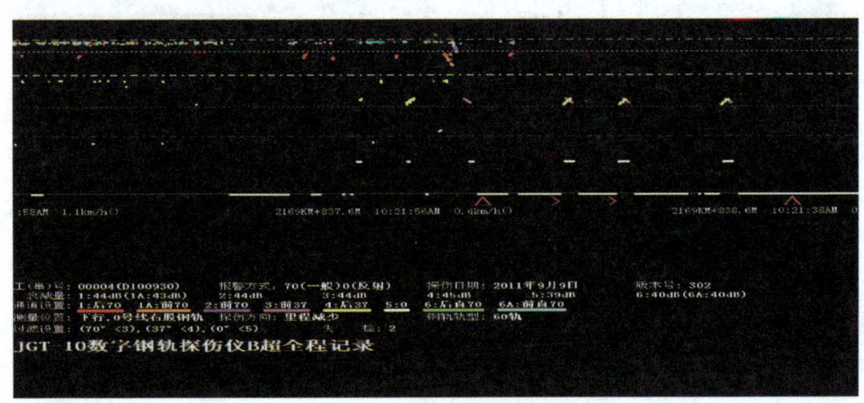

图 4-9　大型钢轨探伤车波形

3. 检查情况

2011 年 9 月 14 日,铁道部轨道检查车检查断轨前后 200 m 扣分 4 分(4 个横向加速度Ⅰ级),断轨处在轨道检查车波形图对比里程为 K2170+800 缓和曲线上,几何尺寸无超限,如图 4-10 所示。

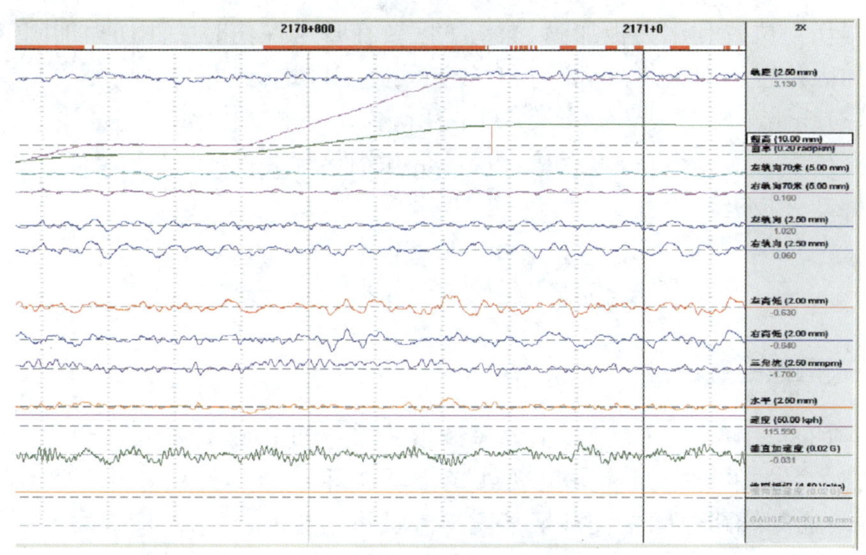

图 4-10　铁道部轨道检查车波形

三、原因分析

伤损加固位置不准确是该处断轨的主要原因，2011 年 8 月 30 日已发现该处有重伤（核伤），但由于钻孔加固时北头第一孔钻在伤损下面，不但没有起到保护作用，反而加速了伤损的发展是造成该起断轨的主要原因，如图 4-11 所示。

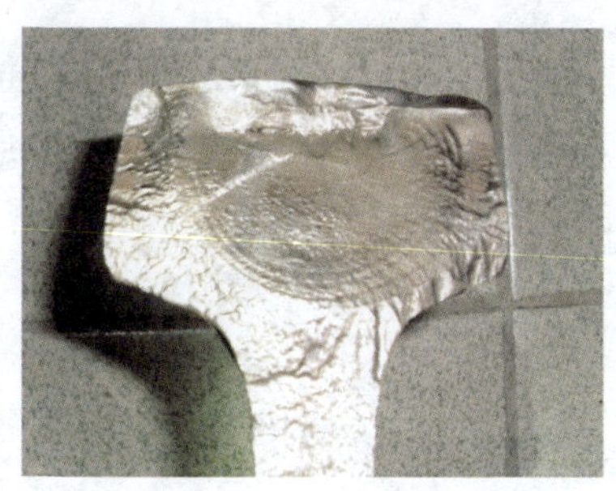

图 4-11　钢轨伤损断面

四、警　　示

（1）探伤发现钢轨伤损时必须在钢轨上用油漆标明伤损具体位置，线路车间根据伤损位置利用夹板加固，探伤工区要在日常探伤时关注伤损加固情况，发现加固位置不对或未加固时及时告知线路工区进行加固。

(2)线路车间对现场轻伤及以上处所，要求巡查人员进行记名检查，每月工区安排手工检查钢轨，重点检查现场带孔铝热焊缝处所，必要时对加固伤损处所拆开夹板进行检查。

[案例21]扣件“四紧”不到位

一、应急处置过程

2012年1月16日5:01，工务段调度人员接到铁路局工务处调度室电话通知：“××站下行第二离去出现红光带。”立即通知相关领导并启动应急预案，同时通知线路车间主任钟某某安排人员进行检查。5:40检查发现下行线K2023+480处右股(曲线上股)厂焊焊缝呈60°折断，拉开轨缝13 mm。6:15上好臌包夹板紧急处理完毕，第一列限速25 km/h，第二列限速45 km/h，以后恢复正常速度，共用时74 min。

二、线路设备及探伤检查情况

1. 线路情况

断轨处为无缝线路，P60-U75V钢轨，2006年8月铺设上道，锁定轨温32 ℃，当日轨温3 ℃。

断缝前后各50 m检查轨道几何尺寸，轨距最大+2 mm、最小0 mm，水平最大+3 mm、最小+0 mm，高低3 mm，方向3 mm，三角坑3 mm，道床饱满，无吊板。Ⅲ型混凝土枕弹条扣件线路，钢轨侧面磨耗5 mm，扣件密贴率为44%，轨面状态良好。

2. 探伤情况

(1)小型钢轨探伤仪：2012年1月6日，探伤工区对该处进行了探伤，未发现伤损波形。

(2)数据回放分析：1月7日车间回放未发现任何可疑波形；按数据分析在里程K2023+491与K2023+467处均有厂焊缝，两处均按要求输入了焊缝标记，前后20 m均没有可疑图形，线孔图形显示正常，仪器调试正常，灵敏度合适，如图4-12所示。

图 4-12　小型钢轨探伤仪波形

(3)大型钢轨探伤车:2011 年 12 月 20 日,大型钢轨探伤车检查该下行线时,未发现该处钢轨异常,当日进行数据回放,未发现异常波形,如图 4-13 所示。

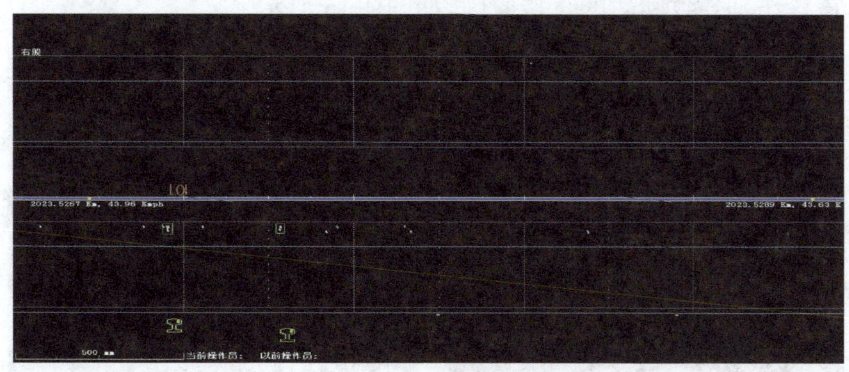

图 4-13　大型钢轨探伤车波形

3. 检查情况

2012 年 1 月 15 日,铁路局轨道检查车按正常标准检查××下行线,断轨前后200 m扣分 0 分,断轨处在轨道检查车波形图为圆曲线上,几何尺寸无超限,如图 4-14所示。

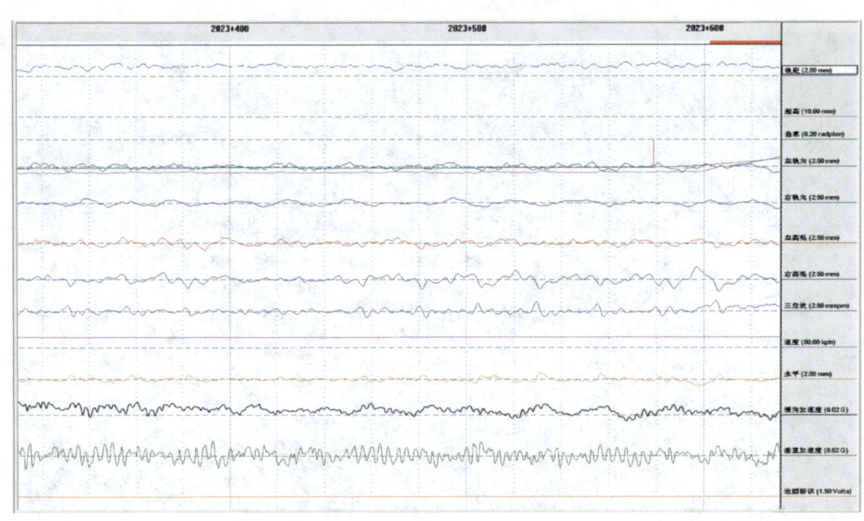

图 4-14　轨道检查车波形

三、原因分析

(1)从断轨处分析，该处为厂焊缝接头，钢轨内侧轨底量入 45 mm 范围有核伤，该核伤是导致断轨的直接原因，如图 4-15 所示。

图 4-15　钢轨伤损断面

(2)扣件“四紧”工作落实不到位，扣压力严重不足，断轨点附近 300 m 内扣件不密贴率高达 44%，在列车巨大冲击下，加剧钢轨伤损不断发展，致使钢轨折断，因此扣件保养不到位是引起断轨的主要原因。

四、警　　示

加强对正线、客运站场股道、道岔以及机车进出线等关键部位检查，做好扣件“四紧”工作，重点做好伤损轨前后 50 m、曲线、桥隧、岔区线路扣件“四紧”工作。

[案例 22]绝缘接头养护不良

一、应急处置过程

2014 年 2 月 11 日 9:36，工务段安全生产调度指挥中心接到工务处调度室通知：“××站 8 号道岔钢轨折断。”立即通知线路车间主任、工区工长组织人员携带应急设备赶往现场检查处置，同时通知工务段相关领导，主管生产副段长赶往现场指挥处理。线路工区驻站联络员谌某某登记封锁线路，经换轨处理后，11:04 登记常速开通线路。

二、线路设备及探伤检查情况

1. 线路情况

断轨位于××站上行线 8 号道岔前右股绝缘接头（曲基本轨尖轨前）东端（迎行车方向）第 1 螺孔。道岔位置为直线，0.1‰上坡道，无缝线路，接头东端为平头岔枕，西端为Ⅲ型混凝土枕；一级道砟。道岔锁定轨温 32 ℃，断轨轨温－3 ℃。

钢轨为包钢 P60-U75V 轨，2008 年 8 月出厂，2008 年 10 月铺设上道，累计通过总质量为 387 Mt。钢轨无明显侧面磨耗、垂直磨耗。

断缝前后 100 m 线路检查轨距最大＋5mm，水平最大 4 mm，接头位置有 5 mm 吊板，吊板处存在没棱角的白砟。钢轨绝缘接头部位轨面不平顺，轨头低塌约 2 mm。抽查断轨点前后轨枕扣件密贴率为 96％，无缺失零部件。

2. 伤损情况

岔前右股绝缘接头东端第 1 螺孔外侧边角存在向第 2 孔单侧上裂纹高 4 mm×宽 2.5 mm。钢轨 45°角斜向折断形态，第 1 孔向第 2 孔上裂至轨面，向轨端下裂至钢轨端面，如图 4-16 所示。

3. 探伤情况

（1）小型钢轨探伤仪：2014 年 1 月 21 日，使用小型钢轨探伤仪进行探伤，当日探伤作业情况正常，未发现螺孔有伤损。断后回放探伤仪最近 3 次检测数据，2014 年 1 月 21 日和 2013 年 12 月 23 日两次探伤作业情况正常，未见伤损显示，作业速度为0.7 km/h(持仪人进行了站停看波)；2013 年 11 月 28 日第 1 螺孔位置有疑似波形显示，经分析应为螺杆顶住螺孔产生的回波，如图 4-17 所示。

图 4-16　钢轨伤损断面

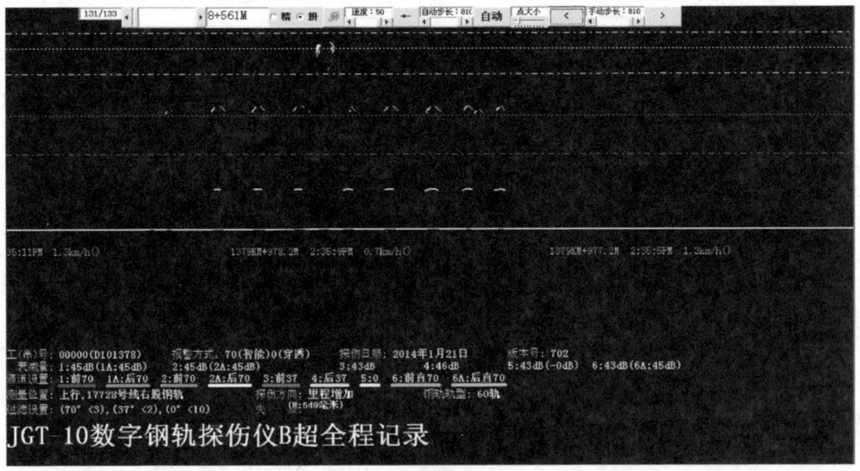

图 4-17　小型钢轨探伤仪波形

(2)大型钢轨探伤车：2013 年 12 月 5 日，铁路局大型探伤车探伤检查，当日检测报告前后无伤损，回放当日探伤数据该地段检测速度为 36.5 km/h，前后无明显伤损图形显示，如图 4-18 所示。

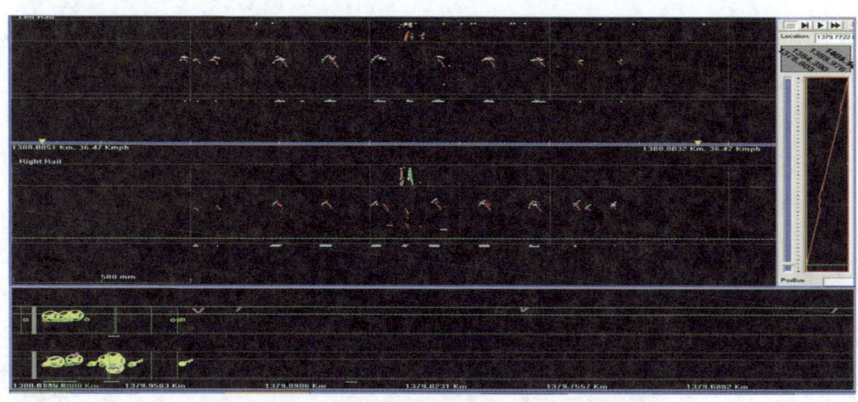

图 4-18　大型钢轨探伤车波形

4. 动态检测情况

2014 年 1 月 11 日，轨道检查车检查断轨前后 100 m 无几何尺寸Ⅱ级及以上超限，Ⅰ级超限 1 处，为 K1379＋988 左高低 8.44 mm；该公里扣分 7 分，K1379＋800～K1380＋000 区段 TQI 值 14.16 mm。

三、原因分析

(1)绝缘接头养护不良是引起钢轨折断的主要原因。接头位置存在 5 mm 吊板，且接头处道床存在翻浆，石砟为没有棱角的白砟，表明吊板、白砟时间较长。接头病害长时间未进行处理，致使钢轨接头冲击力过大，长期重复作用，诱发钢轨螺孔产生裂纹，同时夹板底部也产生 10 mm 旧裂纹(图 4-19)，并最终导致钢轨及夹板一起发生折断。

图 4-19　断轨截面

(2)接头位置轨枕不匹配，东端是平头混凝土岔枕、西端是Ⅲ型混凝土枕。

两类轨枕铺设同一接头，轨枕厚度、扣件类型、胶垫、垫板等不同，引起列车通过时受力状态不同，导致接头钢轨受力不均匀，容易形成线路病害。道岔基本轨为厂制标准轨，另一端连接轨为自制短轨，自钻孔位置不标准，螺孔距轨面高度与基本轨不一致，导致基本轨第 1 孔螺栓顶住孔上壁，螺孔局部受力，并增加了钢轨动态应力。

四、警　　示

(1)加强对道岔绝缘接头病害整治及养护力度。一是改善道床弹性，及时消灭线路吊板、白砟、翻浆处所，巡视检查发现吊板、翻浆处所当日必须整治，绝缘接头不允许出现翻浆、吊板，轨枕不匹配接头不允许出现白砟；二是接头前后 4 根枕胶垫应更换为高弹胶垫，增加接头弹性；三是加大轨面修理力度，对无缝线路低塌焊缝和普通线路马鞍形接头的打磨纳入日常维修计划进行常态化管理；四是对零部件做好“紧松补缺”，确保零部件作用良好；五是加强无缝线路技术管理和扣件“四紧”工作，改善钢轨应力状态；六是杜绝有害作业，改道使用偏心轮，严禁锤击钢轨。

(2)有计划地更换接头位置不匹配的轨枕。一是将岔前接头(包括其他正线接头)轨枕不匹配的纳入年度重点工作，排定计划在年内处理完毕，要求各单位立即进行调查统计并制定好推进计划，将推进计划上报工务部线路科；二是加强日常监控检查，对未更换轨枕前的该类接头列为重点，在日常线路检查及探伤检查中作为重点，加强监控检查。

[案例 23]道口线路养护不良

一、应急处置过程

2014 年 4 月 3 日 3:02，线路工区当班道口工沈某某发现 K4＋325 处左股钢轨折断(钢轨母材)，拉开轨缝 2 mm，立即通知道口驻站联络员在车站登记申请封锁××区间线路。3:06 工务段调度人员接到铁路局工务部调度室通知：“××线××区间钢轨折断。”立即启动应急预案，通知线路车间主任张某某与线路工区工长龙某某赶往现场检查处理，并向段相关领导及科室负责人汇报。3:12 工区工长带领工区人员到达现场，检查发现断缝位于××线××道口铺面内，轨腰及轨底情况不明，需全面掀开道口铺面进行确认和处理。与此同时，线路车间支部书记左某某立即组织人员、机具从车间驱车赶往现场，4:26 车间支援人员赶到故障地点，掀开道口铺面后检查发现 K4＋325 左股钢轨呈“>”锯齿形断裂（非垂直折断，无法进行临时紧急加固处理），立即组织更换 25 m 新轨进行处理，于 5:51 登记申请开通线路。换轨后因钢轨垂直磨耗较大（断轨处 10 mm），道口铺面高差较大，7:35—8:20 申请更换右股钢轨并恢复道口铺面。

二、线路设备及探伤检查情况

1. 线路情况

断轨处位于 K4＋325 处左股钢轨，××道口铺面中心位置（道口中心里程 K4＋320，道口铺面宽 8.8 m，断缝距道口铺面东端 4 m），直线地段，有缝线路，Ⅱ型轨枕，弹条扣件，东端距××特大桥明桥面 30 m，西端为整修再用长轨。断缝距东头有缝接头 12.73 m，断轨时轨温 13 ℃。

钢轨为攀钢 P60-U71Mn 轨，1993 年 12 月出产，2006 年再用轨整修上道，上道后累计通过总质量 969.02 Mt。

2. 伤损情况

检查前后 100 m 线路几何尺寸，轨距最大＋2 mm、最小－3 mm，水平最大＋3 mm、最小－1 mm，无明显高低不良，道口前后扣件“四紧”合格率为 90%。但道口铺面下积水、翻浆严重，过车时观察动态吊板较大（10 mm 以上），且扣件不齐全，道口内 17 根轨枕共缺少扣件 3 套（需重锚），断缝处前一根枕内侧无扣件，后一根枕外侧无扣件。道口往东一根轨接头（14～15 号轨间接头）也存在积水、翻浆、吊板情况，翻浆长时间未整治，日常工作以垫为主，接头处超垫较大。

断轨处钢轨垂直磨耗 10 mm，肥边 2 mm，轨长 25 m，断缝位于钢轨中间位置母材，断面呈“>”形锯齿形断裂，断面无伤损。经分析判断应分两个阶段发展，先轨底至轨腰部位断裂，后轨腰至轨头部分撕裂（轨头痕迹比轨底部位要新），且在轨腰形成了挤压痕迹（应为断后垂向作用力反复冲击造成）。

3. 探伤情况

（1）小型钢轨探伤仪：2014 年 3 月 12 日，探伤工区使用 GT-2B 型数字探伤仪对该区段进行探伤，现场作业未发现异常情况。断后回放该地段探伤作业正常，道口轨面状态不好，仪器显示杂波较多，但未见明显伤损波显示，前一个探伤周期为 2 月 13 日也无伤损显示，如图 4-20 所示。

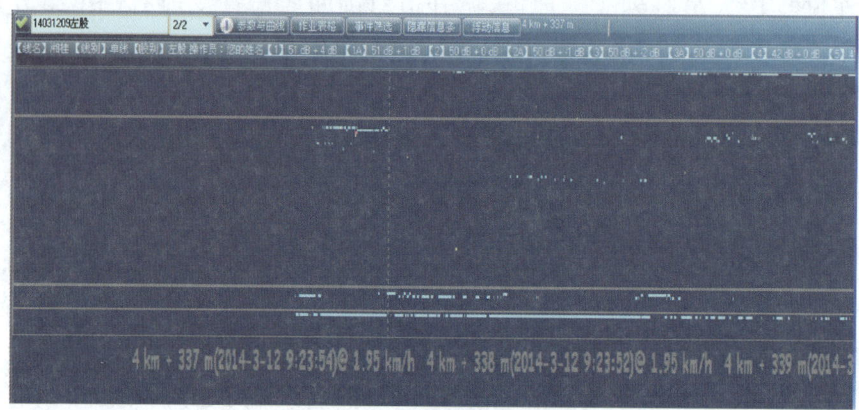

图 4-20　小型钢轨探伤仪波形

(2)大型钢轨探伤车：2013 年 10 月 18 日，铁路局大型钢轨探伤车对断轨地段进行检查，检测速度为 26 km/h，检测情况正常，未发现有伤损，如图 4-21 所示。

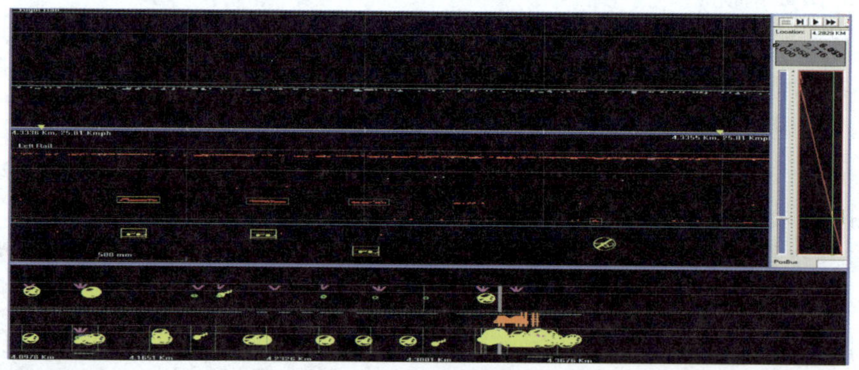

图 4-21　大型探伤车波形图示

4. 动态检测情况

2014 年 3 月 11 日，轨道检查车检查该区段前后 100 m 几何尺寸Ⅱ级超限 1 处(K4＋312 小轨距－7.20 mm，断轨当日检查道口西端一根轨静态轨距最大－3 mm)，Ⅰ级超限 8 处(全部为高低，其中左高低 5 处，最大峰值为 K4 ＋299 m 左高低 11.08 mm，右高低 3 处，最大峰值为 K4＋282 m 右高低－11.90 mm，波形图分析动态高低不平顺，道口翻浆有影响）。该公里扣分42分，K4＋200～＋400单元TQI值17.63 mm。线路波形如图4-22所示。

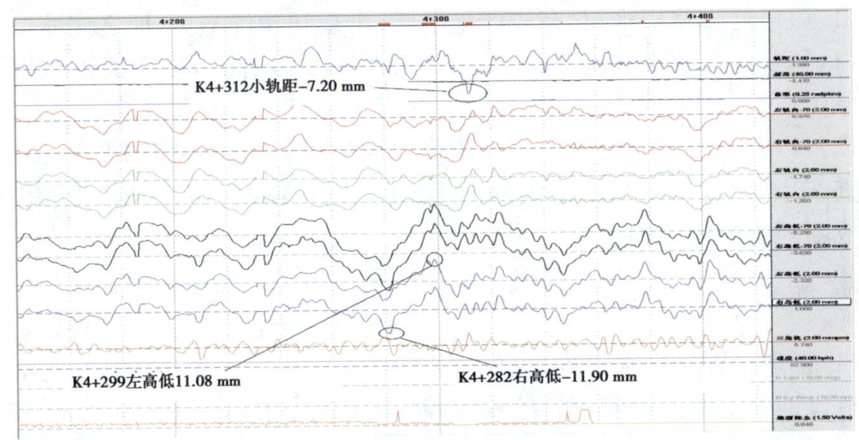

图4-22　轨道检查车波形

对3月11日与前一次检测（2月27日）轨道检查车波形进行叠加对比，道口位置小轨距Ⅱ级未整治且有少量发展，2月27日检测的一处高低Ⅱ级（峰值16.39 mm）已进行了整治，道口东端一处Ⅰ级高低有少量发展，如图4-23所示。

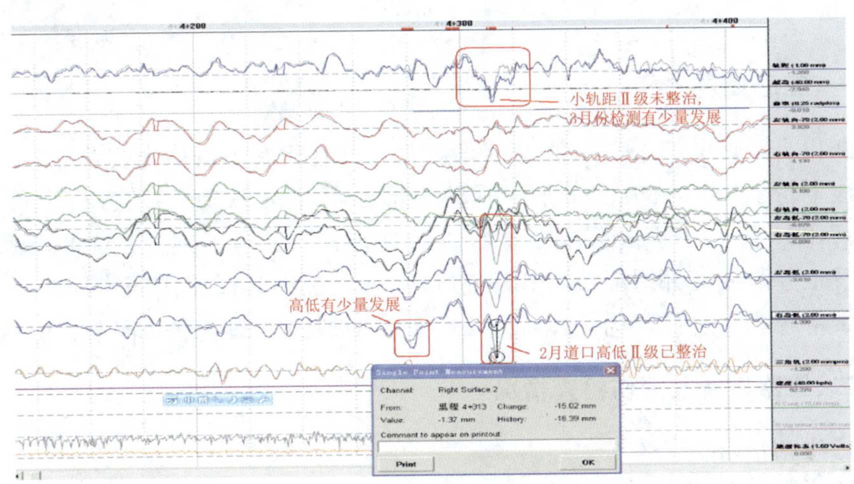

图4-23　检测对比波形

三、原因分析

(1)道口处线路积水,存在较严重翻浆、吊板和扣件不全,加之该道口属繁忙道口,每日通过的重载汽车较多,火车和汽车反复冲击,是造成钢轨折断的主要原因。

(2)日常线路养护不良,道口处及前后线路翻浆、吊板病害未及时整治,轨道检查车小轨距Ⅱ级、高低Ⅰ级整治不彻底,钢轨陈旧,垂直磨耗、肥边较大,是造成断轨的另一原因。

四、警　　示

(1)合理设置好排水设施,确保排水良好,道口不允许出现积水现象。处理好道口铺面下线路翻浆,采取清挖淤泥、更换枕下垫层方式彻底整治道口翻浆病害。

(2)对道口铺面下缺损的扣件螺栓进行重锚补充,同步做好扣件涂油和"四紧"工作,并对道口相关钢轨进行更换,消灭新旧轨轨面高低错牙不平顺(由于垂直磨耗较大,换轨后垫片调整还有 2～3 mm 高低错牙),同步处理好道口钢轨接头处道床积水、翻浆。

[案例 24]几何尺寸不良

一、应急处置过程

2014 年 11 月 25 日 12:02,工务段探伤工区在正常上班检查线路途中,发现××线下行 K1403+395 处右股钢轨轨头部分存在轨头核伤裂纹(轨腰及轨底未裂开,图 4-24),带班班长按照现场情况对该裂纹进行了判重伤处理,随即向车站及工务段调度部门汇报,当班调度员立即电话通知线路车间主任及线路工区工长带领职工赶往现场处理,12:25 经要点对线路加固处理后常速放行列车。

二、线路设备及探伤检查情况

1. 线路情况

轨头裂纹处位于曲线上,曲线半径 500 m,超高 135 mm,线路坡度为 10.8‰。无缝线路,锁定轨温 33 ℃,现场轨温 8 ℃。混合道砟,Ⅱ型混凝土枕

(1 840 根/km)。

钢轨为包钢 P60-U75V,2008 年 11 月生产,2009 年铺设上道,累计通过总质量 365.2 Mt。钢轨无侧面磨耗,垂直磨耗 4 mm。

2. 伤损情况

××线下行 K1403+395 右股,距东焊缝 150 mm 处钢轨核伤裂纹 25 mm×35 mm,如图 4-25 所示。

图 4-24 线路状况

图 4-25 钢轨伤损断面

3. 线路养护情况

(1)线路检查:2014 年 11 月,线路检查无下行 K1544+600～K1548+200 区段设备检查记录;无 10 月和 11 月位移观测记录;无 11 月"三全"检查记录。

(2)动道作业:2014 年 10 月进行了大型养路机械清筛;11 月 20 日接管后,线路工区至今未在该地段作业。

4. 探伤情况

(1)小型钢轨探伤仪:2014 年 7 月 3 日,探伤工区按照探伤计划对该焊缝进行了全断面探伤检查。11 月 25 日,探伤工区对断轨处进行了探伤检查作业,当日探伤检查发现断轨处存在一孔疑似上裂波形,推机人在此处调整探伤灵敏度进行了倒车校核,但未进行判伤。

(2)数据回放分析:2014 年 11 月 25 日,回放员对该处进行了回放分析,探伤仪灵敏度良好,仪器出波情况正常,前后 100 m 各断面、螺孔波形出波饱满、扫波完整,推机过接头有超速现象,断轨处第一螺孔存在可疑伤波,但没有定伤损,如图 4-26 所示。

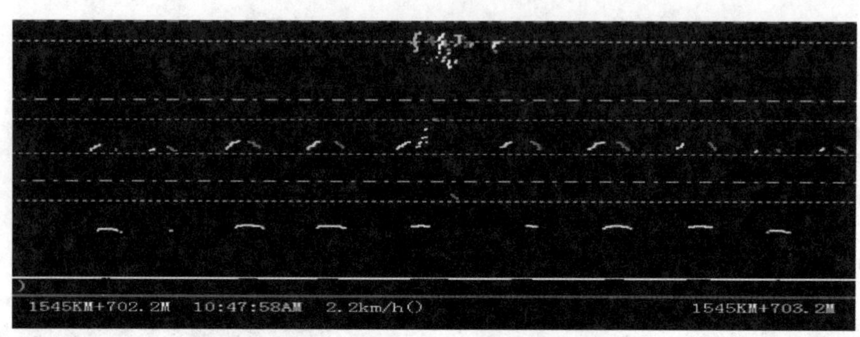

图 4-26 小型钢轨探伤仪波形

(3)大型钢轨探伤车：2014 年 11 月 23 日，铁路局大型探伤车对该地段进行了探伤检查，未发现该处钢轨异常，当日进行数据回放，未发现异常波形。

5.检查情况

(1)抽查断轨处前后 100 m 弹条扣件密贴率，东头 59%，外侧弹条折断 11 个；西头 77%，外侧弹条折断 9 个，隧道内外股扣件锈蚀达 60%。

(2)断缝前后各 100 m 检查轨道几何尺寸，轨距最大+6 m、最小−5 mm，水平最大 0 mm、最小−6 mm，静态最大三角坑 4 mm，高低 5 mm；断轨处几何尺寸，轨距+1 mm、水平−2 mm。

(3)断轨处铝热焊接头东西两端各有 2 块轨下垫板为 5 mm 薄胶。

6.动态检测情况

轨道检查车波形如图 4-27 所示，K1545+600～+800 区段仅 K1545+647 处大轨距Ⅱ级峰值 10.74 mm。Ⅰ级超限情况见表 4-1。

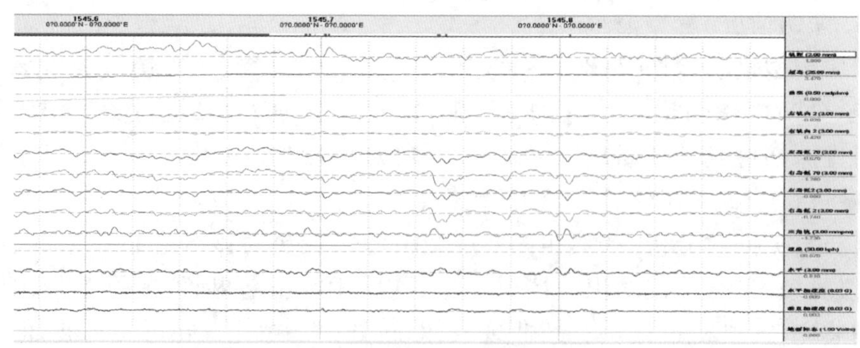

图 4-27 轨道检查车波形

表 4-1　Ⅰ级超限

位置		超限类型	峰值 (mm 或 g)	长度(m)	线形 (直/缓/曲)	速度 (km/h)	检测标准
公里	米						
1 545	608	大轨距	6.58	2	缓	64	(0,120]
1 545	620	大轨距	7.81	3	缓	64	(0,120]
1 545	636	大轨距	7.61	3	缓	64	(0,120]
1 545	695	大轨距	6.09	1	直	65	(0,120]
1 545	703	大轨距	6.32	1	直	65	(0,120]
1 545	750	右高低	−9.28	2	直	66	(0,120]
1 545	753	右高低	−9.24	2	直	66	(0,120]
1 545	804	右高低	−8.31	1	直	67	(0,120]

三、原因分析

(1)工区设备检查、养护不到位。一是相关车间、班组未认真执行线路设备“三全”检查及防寒期间重点设备检查,未及时发现线路设备病害;二是几何尺寸严重不良,断轨前后扣件锈蚀严重、密贴率严重不达标,工区因养护不当造成设备失修,断轨处应力集中在螺孔下部 3 mm 孔裂上,并沿该缺陷迅速一次性撕裂钢轨。

(2)工区突发故障应急处置不利,线路出现闪红光带后,工区人员在 1.5 h 之后检查才发现断轨,发现断轨后由于防寒备品使用后未及时得到补充导致故障应急处理时间过长,严重影响了列车运行秩序。

四、警　　示

(1)加强线路检查,及时整治几何尺寸超限处所,保持轨道平顺。

(2)加强线路养护与病害整治,及时消灭线路翻浆、板结、白砟、吊板处所,最大限度减少动态不良对钢轨的影响。

(3)加强钢轨轨面修工作,对轨面存在擦伤、掉块、低塌处所须重点打磨,确保轨面平顺。

(4)进一步加强线路扣件“四紧”工作,并同步做好扣件“紧松补缺”,确保扣件齐全、作用有效、扭力达标。

(5)对伤损处所的线路养护必须“高一挡、严一格”,精养细修,同时加强对加固夹板紧固状态的巡视检查。

[案例 25]隧道拱顶滴水

一、应急处置过程

2015 年 10 月 17 日 5:57,工务段调度人员接到铁路局工务部调度室电话通知:“××线××区间上行 B4G 闪现红光带。”立即启动应急预案,通知线路车间主任和线路工区工长,并按应急处理程序向值班领导等汇报。线路工区工长王某某带领 3 人携带有关工具赶往现场进行检查,当检查至上行线 K1483+150 处发现钢轨折断,拉开轨缝 2 mm,立即安排工区人员对轨缝进行加固处理。处理完毕后线路车间因考虑断缝较小,断轨前后线路、扣件状态较好,6:34 钻孔加固完毕登记开通线路。

二、线路设备及探伤检查情况

1. 线路情况

断轨为 K1483+150 处左股钢轨(××隧道内,隧道全长 100.5 m,中心里程 K1483+131),距西厂焊接头 5.73 m。断缝位于夹直线上(夹直线长度 100 m),线路坡度为 8.7‰(上坡),混合道砟,Ⅱ型混凝土枕;西头曲线为Ⅲ型混凝土枕,由Ⅲ型递变到Ⅱ型,断轨处为第 9 根Ⅱ型混凝土枕。无缝线路,锁定轨温 33 ℃,断轨时轨温 13 ℃。

检查断缝前后各 100 m 线路,轨距最大+3 mm、最小-1 mm,轨距变化率良好;水平最大+5 mm、最小-3 mm,无三角坑病害,道床石砟饱满,断缝处石砟磨圆、白砟 2 空,存在吊板,断缝处位于轨枕承轨槽上,轨底垫板总厚度达 25 mm,超垫 15 mm(两块胶垫,两块竹板)。

抽查断缝前后 200 m 扣件密贴率,东头 K1483+200~+230 左股 100%,K1483+240~+270 右股 94%;西头 K1482+890~+920 左股 92%,K1482+970~K1483+000 右股 92%,零部件齐全有效。

断轨处隧道拱顶长时间滴水,水滴垂直落在断缝处钢轨顶面。

2. 伤损情况

钢轨为武钢 P60-U75V 轨,2009 年 9 月生产,2010 年 5 月铺设上道,累计通过总质量 345.4 Mt。断轨处轨面低塌 3 mm,且前后 700 mm 范围内轨面明显低塌,断缝处钢轨垂直磨耗 5 mm、无侧面磨耗、肥边 2.5 mm,钢轨断面轨底面存在宽 15 mm×高 7 mm 核伤（伤损一半位于轨腰垂直投影区可探范围），呈 27°斜向断裂形态，如图 4-28 所示。

图 4-28　钢轨伤损断面

3. 探伤情况

（1）小型钢轨探伤仪：2015 年 9 月 25 日，工务段对该区间进行探伤作业，当日探伤检查发现断轨处钢轨轨面行车边轻微掉块，判为轻伤（现场钢轨有“△”符号标记），轻伤通知单上有记录，如图 4-29 所示。

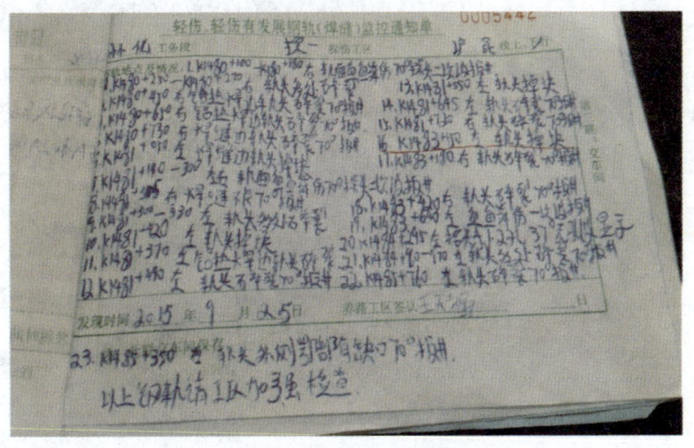

轻伤、轻伤有发展钢轨（焊缝）监控通知单

发现时间 2015 年 9 月 25 日

以上钢轨请工区加强检查

图 4-29　钢轨手轻损监控通知

断后工务部回放最近 3 个周期探伤作业数据，断轨前后无轨底疑似伤损波形。主要原因为伤损偏离轨面中心，伤损一半在轨腰垂直投影区可探范围，伤损有效反射面积过小，超声波未形成有效反射。70°探头 6/6A 通道探伤灵敏度偏高，现场探伤作业未在该滴水处所执行“站停看波”，作业速度 2.3 km/h，如图 4-30 所示。

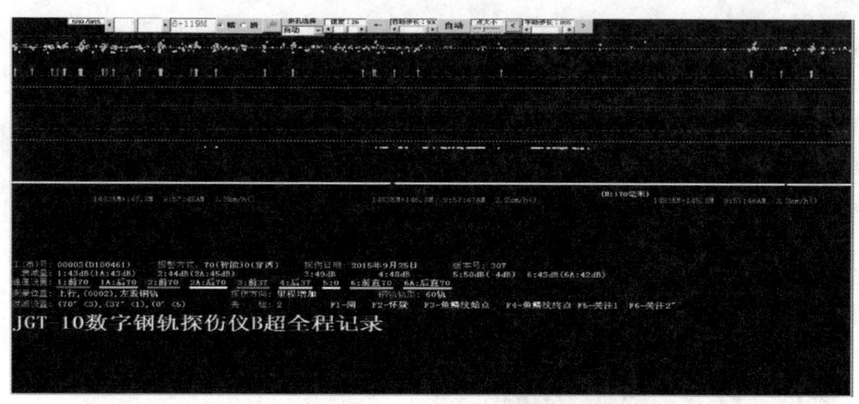

图 4-30　小型钢轨探伤仪波形

(2)大型钢轨探伤车:2015 年 9 月 6 日,铁路局钢轨探伤车对该地段进行了探伤检查,未发现该处钢轨异常,断后回放当日作业数据,未发现轨底疑似伤损波形。当日该区段进行了轨道综合巡检,该公里无扣件异常、无轨面擦伤。

4. 动态检测情况

(1)轨道检查车:2015 年 10 月 13 日,轨道检查车检查该处所前后 100 m 范围内无Ⅱ级及以上超限,Ⅰ级超限 1 处,K1483+216 左高低峰值 8.33 mm;断轨处波形较大处所,K1483+160 处水平 6.84 mm、三角坑 6.81 mm。K1483 公里扣分 14 分,K1483+000~+200 单元 TQI 值 13.71 mm(全线 TQI 值 9.43 mm)。轨道检查车波形如图 4-31 所示。

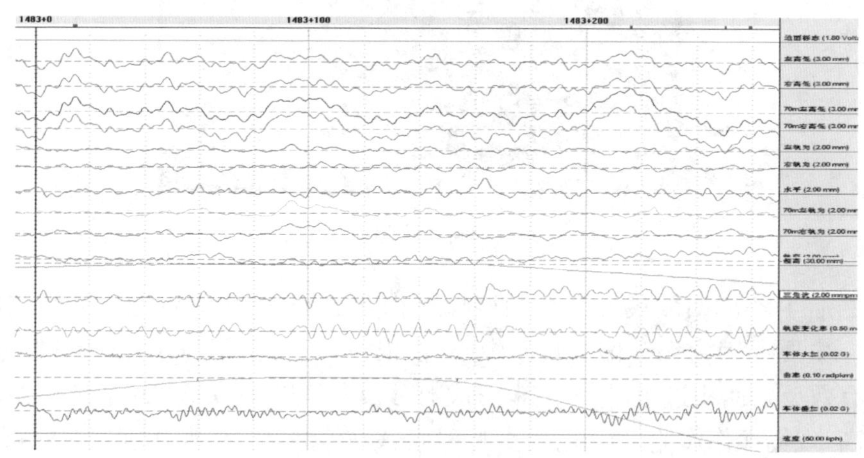

图 4-31　轨道检查车波形

(2)车载式线路检查仪：2015 年 10 月上行 K1483＋150 前后 100 m 范围内无车载式线路检查仪Ⅱ级及以上报警。

三、原因分析

(1)线路设备养护不良。一是该处钢轨轨面明显压塌，且线路轨底存在超垫，最大处垫 25 mm(超垫 15 mm)，在列车反复碾压冲击作用下，形成钢轨内部伤损；二是对于该处病害，工区长期以垫板进行整治，未综合处理，造成病害日趋严重，10 月 10 日线路技术科指导主任检查发现该处钢轨压塌，要求进行打磨整治，截至断轨发生时工区未安排整治；三是断轨处石砟磨圆、存在 2 空白砟，有吊板痕迹，工区对薄弱处所养护不重视，未针对线路薄弱处所采取有效的整治。

(2)探伤作业未落实对隧道滴水处所“站停看波”要求。工务部要求对隧道滴水处所比照有缝接头进行“站停看波”(速度控制在 1.0 km/h 以下)，但该处探伤作业速度为 2.3 km/h，作业速度过快，且该地段 70°探头 6/6A 通道探伤灵敏度偏高，影响回放分析对疑似伤损的判断。

(3)隧道长时间滴水影响线路稳定，造成钢轨锈蚀，诱发伤损。桥隧检查工区工作责任心不强，日常设备检查流于形式，未及时发现该处隧道滴水对线路设备造成的隐患，致使隧道滴水长期垂直滴落在钢轨上，影响线路稳定，造成线路白砟、吊板、轨面低塌病害，增加设备养护难度，并诱发钢轨轨底发展伤损，导致折断。

四、警　　示

(1)加强隧道养护和钢轨检查。一是桥隧工区对隧道拱顶滴水处所进行调查，分轻重缓急排定计划进行整治，减少滴水对线路设备的损害；二是线路工区对滴水处所钢轨、扣件加强养护，采取涂油、加强扭力等有效警示，减少钢轨、扣件锈蚀和应力不均匀；三是加强隧道内滴水处所钢轨检查，探伤检查时对隧道内滴水处所钢轨应严格执行“站停看波”检查(速度控制在 1.0 km/h 以内)，必要时进行倒机慢行仔细检查，锈蚀钢轨要除锈后进行全面检查，病害处所使用通用探伤仪进行全断面加强探伤。

(2)加强薄弱处所设备排查及整治。一是对隧道滴水、道床板结、作业频繁的小半径曲线进行排查，确定滴水影响的范围，尤其是已出现钢轨锈蚀严重、轨面低塌情况的要加强巡视检查；二是有针对性地对长期道床板结处所进行人工换砟或切边坡处理，恢复道床弹性，对曲线轨底大胶垫压溃、失效的要及时更换；三是加强小半径曲线线路养护，特别是长期动道处所，减少钢轨内部伤损源、应力源的发生。

[案例 26]线路病害积累发展

一、应急处置过程

2016 年 5 月 16 日 19:30，工务段调度人员接到铁路局工务部调度室电话通知："××区间下行 13775G 信号机红光带。"立即通知线路车间值班干部、线路工区工长组织人员赶往现场检查，同时向段值班领导汇报。线路工区检查人员从工区出发赶赴故障地点进行检查(工区里程 K1380＋123)，19:57检查发现下行 K1377＋820 处左股钢轨垂直折断，拉开轨缝 3 mm。现场检查人员立即从上行线 K1388＋000 处取出备用夹板和急救器对断轨处所进行紧急加固，并拧紧断缝处前后各 50 m 扣件螺栓，20:17 经工务紧急处理，××区间下行 K1377＋800～＋850 限速 25 km/h 放行列车。22:47临时要点申请封锁××区间下行线进行换轨(插入长度 6.5 m 钢轨)更换处理，23:21 更换完毕开通区间并恢复常速。

二、线路设备及探伤检查情况

1. 线路情况

断轨处所位于下行线 K1377＋820 左股(A 隧道与 B 隧道之间，距 A 隧道东出口 25 m)，直线地段，线路坡度 9.2‰(下坡)，Ⅱ型混凝土枕(1 760 根/km)，弹条扣件，道床为花岗岩和石灰石混砟；无缝线路，设计锁定轨温 32 ℃，断轨时轨温 20.3 ℃。

断缝位于轨枕上，且断轨处 2 根轨枕轨枕头存在白砟现象，过车观察存在 8 mm 动态吊板，右股对应处为带 6 孔铝热焊接头(未加固)；断缝往西 3.1 m 处为一处废弃胶接绝缘接头，接头处左右 2 根枕左股钢轨轨枕头存在较明显白砟，且接头处一根轨枕中部环裂，轨枕面掉块。该段线路无翻浆，线路扣件较锈蚀(外侧扣件部分存在锈蚀死牙，扣件螺栓直径锈蚀量约一半)。抽查断缝往东 K1377＋780 处前后 50 个扣件密贴率 84%，往西 K1377＋860 处前后

50 个扣件密贴率 90%。检查断缝处前后 100 m 线路几何尺寸，水平最大 4 mm，三角坑最大 4 mm，轨距最大 3 mm，未超保养标准。

2. 伤损情况

该地段钢轨为攀钢 P60-PD_3 轨，1998 年 11 月生产，2009 年 10 月铺设上道，累计通过总质量 522.968 Mt，断缝处为钢轨母材（断缝往西 240 mm 处为一铝热焊接头，该铝热焊未带孔焊接）。钢轨存在垂直磨耗 4 mm，无侧面磨耗，表面状况良好，断面轨底面锈蚀坑透锈向上发展一处半圆形小核伤宽 7 mm×高4 mm，核伤中心距轨底外侧边缘 65 mm 处伤损（经计算及测量伤损进入轨腰垂直投影可探区范围为宽 2 mm×高4 mm，占伤损面积 32%）缺陷位于轨枕上，断轨截面如图 4-32 所示。

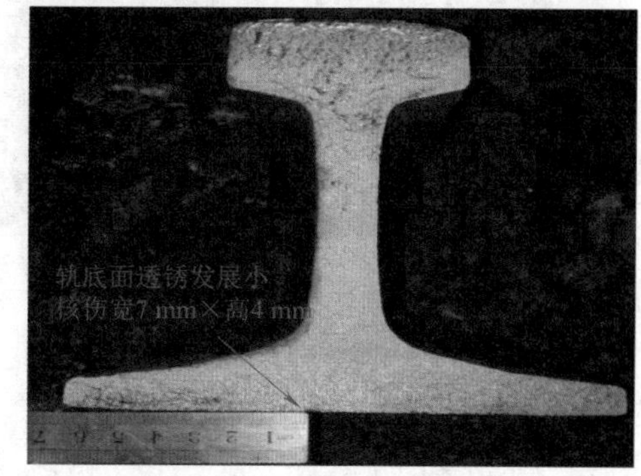

图 4-32　钢轨伤损断面

3. 线路养护情况

2016 年 4 月 18 日，线路工区组织进行了线路设备检查，废弃绝缘接头处吊板 6 块 4 mm、轨枕偏斜 2 根、伤枕 1 根（现场有划撬标记）、扣件凿锚 2 个。查日作业计划，该地段最近一个月均未有动道作业记录。

该地段 2015 年 11 月进行了大型养路机械捣固，无其他大修情况。

4. 探伤情况

（1）小型钢轨探伤仪：2016 年 4 月 26 日，工务段使用 JGT-10 型钢轨探伤仪进行探伤，探伤仪器耦合良好，灵敏度正常，接头螺孔波形显示正常，轨底部位无异常伤损波形显示，通过断轨处所探伤即时速度为 1.3 km/h，通过绝缘接头处所探伤即时速度为0.7 km/h（未超规定速度）。

（2）数据回放分析：工务部对最近三个周期探伤数据进行回放分析（前两个探伤周期分别为 3 月 28 日、2 月 27 日），探伤作业情况正常，断轨处未发现疑似伤损波形，分析主要原因为伤损较小、发展时间不长且进入钢轨探伤仪可探伤区伤损面积太小，超声波对伤损未能形成有效反射面，如图 4-33 所示。

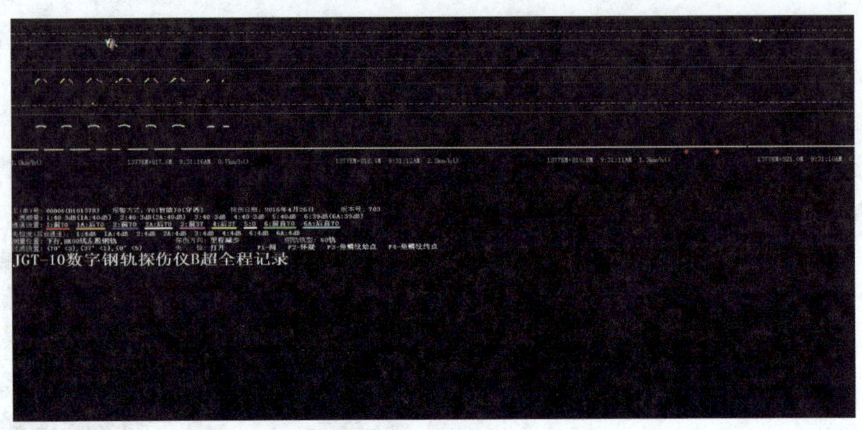

图 4-33　小型钢轨探伤仪波形

(3)焊缝探伤:2015 年 4 月 18 日,探伤工区对该地段焊缝探伤检查,未发现钢轨存在异常情况。

铁路局大型探伤车重点安排对高速铁路及新线等进行探伤检查,××线未有探伤检查(最近一次探伤为 2015 年 12 月 12 日,探伤该处无疑似伤损)。

5.动态检测情况

2016 年 4 月 13 日,轨道检查车检查该处所前后 100 m 范围内无几何尺寸Ⅱ级及以上超限处所,Ⅰ级超限 1 处(K1377+848 左高低峰值8.88 mm),K1377+800～K1378+000 单元 TQI 值 12.11 mm(全线 TQI 值 10.67 mm)。轨道检查车波形如图 4-34 所示。

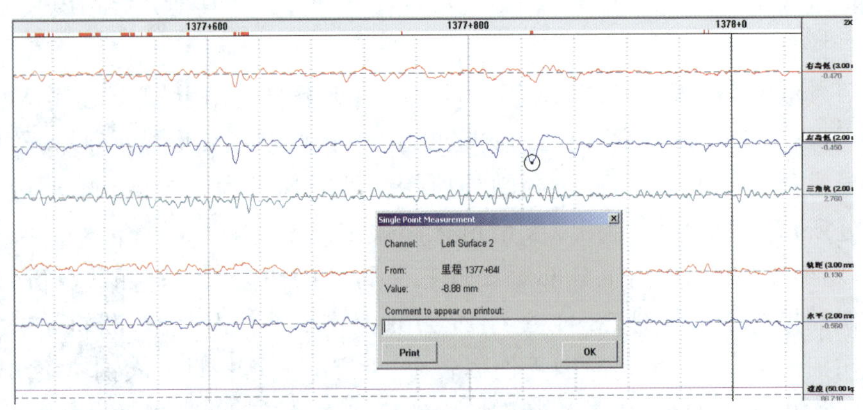

图 4-34　轨道检查车波形

三、原因分析

(1)断轨处左股钢轨轨枕头存在白碴、吊板,断缝伤损刚好处于吊板的轨枕上,列车垂向冲击应力较大,且距断缝以西 3.1 m 处废弃绝缘接头处左股钢轨也存在 4 根白碴、1 根轨枕环裂,但右股钢轨无白碴、吊板现象,状态稳定,左右股对比表明该处线路左股动态冲击应力较大,且轮轨应力向左股钢轨集中,导致轨底面锈坑加速向内发展成小核伤。

(2)线路养护不良,小高低、吊板、白碴未及时整治处理,导致病害积累发展造成钢轨折断。

(3)线路基础薄弱,断轨处道床为花岗岩和石灰石混碴,底层石灰碴使道床硬化并形成板结,且多年未进行清筛,道床脏污较为严重,缺乏弹性,加大钢轨垂向冲击作用力,容易诱发轨底伤损发展。

四、警　　示

(1)线路维修不到位,养护标准低,对线路病害未及时进行整治。

(2)车间管理失职,对工区指导不力,工区基础管理无序,对维修体制改革生产组织掌握、传达不到位,把握不住重点,产生混乱。

(3)应加强线路设备检查、养护。一是对动态检查大值超限处所、静态检查 A 类病害处所立即安排现场调查、及时整治;二是充分发挥静态检查工区作用,对线路病害进行全面调查分析,并排定好整治处理计划;三是对线路几何尺寸超限、白碴、吊板、轨面低塌、扣件连续锈蚀等病害处所及时整治,减小钢轨动态应力。

[案例 27]线路保养不良

一、应急处置过程

2019 年 4 月 5 日 7:29,工务段调度人员接到铁路局集团公司工务部调度室电话通知:“××下行线××到达场间 15399G 红光带。”立即启动应急预案,通知线路车间值班干部孟某某,同时向段值班领导汇报,主管生产副段长及线路技术科人员赶往现场组织指挥应急处置。7:35 孟某某带领 2 名作业人员从车间所在地(K1542+775)徒步赶往故障地段;8:06 检查人员赶到下行线××到达场间 15399G 区段；8:18 检查发现下行线 K1540+995 处右股铝热焊头折断，拉开轨缝 4 mm。因上行 K1540+800 右侧路肩埋设应急材料为臌包夹板及卧式保护器，无法配套使用紧急处理（现场临时加固不匹配，图 4-35），随即孟某某电话通知车间主任需要配送钻孔机及发电机；9:02 钻孔机及发电机配送到故障地点；9:23 经钻孔上臌包夹板紧急处理后，限速 25 km/h 开通线路。10:21 工务申请临时要点插入 6.50 m 钢轨，10:48 开通线路并恢复常速。

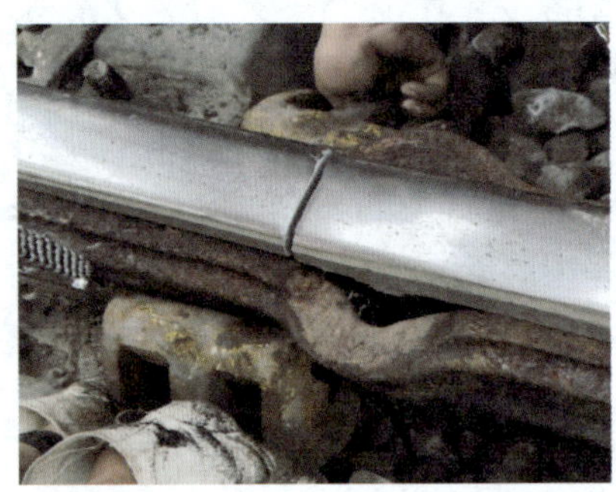

图 4-35　现场临时加固

二、线路设备及探伤检查情况

1. 线路情况

断缝处所位于 K1540+995 右股钢轨，直线地段，坡度 12.4‰，跨区间无缝线路，锁定轨温 31 ℃（断轨时轨温 14 ℃），道床为一级道砟，Ⅱ型混凝土枕（1 760 根/km）。钢轨为 2010 年 11 月大修换轨上道，累计通过总质量 646 Mt。断轨处线路于 2018 年 10 月进行了大型养路机械清筛，如图 4-36 所示。

图 4-36　线路状况

2. 伤损情况

焊缝为 2012 年 10 月 18 日现场铝热焊接头，焊缝东侧为 2010 年 10 月生产攀钢 P60-U75V 轨，垂直磨耗 1 mm、无侧面磨耗，西侧为插入长度 13 m 的再用轨（2000 年 8 年生产攀钢 P60-PD_3 轨），垂直磨耗 4 mm、无侧面磨耗；焊缝轨底存在 3 mm 高差，轨底面存在宽 13 mm×厚 4 mm 溢流夹皮，钢轨铝热焊轨面存在 0.5 mm 低塌，钢轨肥边 1～2 mm。

断缝前后 100 m 线路，轨距最大＋4 mm、最小－1 mm，轨距变化率不超标；水平最大＋1 mm、最小－5 mm，无三角坑；断轨前后线路存在高低 5 mm、吊板 6 mm。现场抽查线路扣件“四紧”情况，东头扣件密贴率 98%，西头扣件密贴率 96%，零部件齐全有效，道床饱满，无翻浆。断轨处焊缝前后各 2 根枕有 1～2 块垫片，其中断缝处东头 1 根枕除大胶垫外，垫 2 片共 10 mm 胶垫。

断缝由轨底焊筋边向轨头方向成 15°向上斜裂，钢轨断裂后拉开轨缝 4 mm，断面轨底内侧距边缘 45 mm 处存在一半月形核伤宽 22 mm×高 8 mm，经分析该处核伤形成时间不长且为一次性形成，如图 4-37 所示。

图 4-37　钢轨伤损断面

3. 探伤情况

(1)小型钢轨探伤仪：2019 年 3 月 24 日，探伤车间使用 GT-2＋型钢轨探伤仪对该区段线路进行探伤。该铝热焊处进行了“站停看波”，通过断轨处所探伤即时速度 0.48 km/h，未超速，当日探伤未发现伤损（伤损位于检测盲区）。动态管理组回放 3 月 24 日探伤作业数据，B 显图该处铝热焊有焊筋波，未发现伤损反射波，如图 4-38 所示。上个周期为 2 月 24 日检测，该处也未发现伤损。

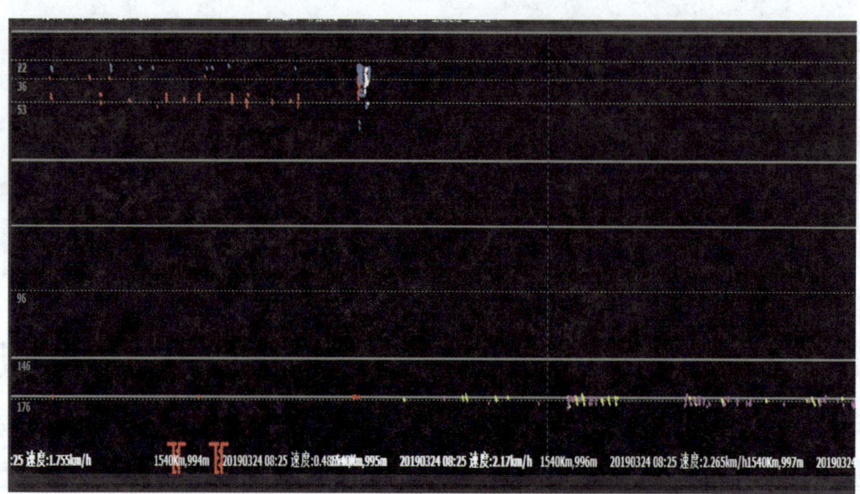

图 4-38　小型钢轨探伤仪波形

(2)焊缝探伤:2019 年 3 月 9 日,探伤工区对××线下行 K1540＋995 右股铝热焊进行全断面探伤,查探伤作业记录,该焊头无伤损记录,焊头外观“焊筋超宽 50 mm”。3 月 29 日,调度值班室对焊缝探伤视频进行回放分析,该焊头无伤损显示。

(3)大型钢轨探伤车:2019 年 3 月 20 日,铁路局集团公司大型探伤车对××下行线进行检查。当日检测报告该处无伤损,未发现异常波形。

4. 检查情况

(1)2019 年 3 月 5 日,线路车间检查工区对××到达场下行线 K1538＋700～K1543＋500 区段进行了推轨检小车检查,该处前后线路有 1 条 B 类问题,见表 4-2。

表 4-2　B 类问题

线行	偏差位置	偏差类型	峰值(mm 或 g)	长度(m)	偏差等级	平面类型(圆/缓/直)	检测日期
××线下行	1 540.988	水平	6.4	1.25	经常保养	直	3 月 5 日

(2)2019 年 3 月 12 日,维修工区处理轨检小车 B 类问题,作业后回检质量达标。

5. 动态检测情况

(1)轨道检查车：2019 年 3 月 14 日，铁路局集团公司轨道检查车检查××线下行 K1402＋700～K1616＋00 区段，因检测设备故障，波形图及数据失真，查 2 月 18 日铁路局集团公司轨道检查车检查数据，K1541＋000 前后各 100 m 线路，未出现轨道检查车Ⅱ级以上超限，Ⅰ级超限 5 处，见表 4-3。

表 4-3　轨道检查车Ⅰ级超限

公里	米	超限项目	峰值(mm 或 g)	长度(m)	超限等级	线形	速度(km/h)	标准
1 540	984	三角坑	9.40	1	Ⅰ	直	69	(0,120]
1 540	985	水　平	8.53	1	Ⅰ	直	69	(0,120]
1 540	992	左高低	－9.06	1	Ⅰ	直	69	(0,120]
1 540	991	右高低	－9.92	1	Ⅰ	直	69	(0,120]
1 541	057	大轨距	6.29	1	Ⅰ	直	68	(0,120]

(2)车载式线路检查仪：查近 10 日车载式线路检查仪报警数据，××线下行 K1541＋000 前后各 100 m 线路，未出现车载Ⅱ级及以上报警，Ⅰ级报警 6 处，见表 4-4。

表 4-4　车载式线路检查仪Ⅰ级超限

路线	行别	里程	时速(km/h)	垂向加速度(g)	垂向加速度等级	水平加速度(g)	水平加速度等级	日期
××	下行	1 540.966	64	0.14	Ⅰ	0.06	Ⅰ	3 月 27 日
××	下行	1 541.001	69	0.14	Ⅰ	0.06	Ⅰ	3 月 28 日
××	下行	1 540.978	44	0.13	Ⅰ	0.06	Ⅰ	3 月 28 日
××	下行	1 540.972	63	0.1	Ⅰ	0.04	0	3 月 29 日
××	下行	1 540.994	66	0.1	Ⅰ	0.01	0	3 月 30 日
××	下行	1 541.008	74	0.14	Ⅰ	0.02	0	3 月 31 日

三、原因分析

铝热焊处养护状态不良是核伤产生发展的源头，断轨处铝热焊前后存在最大 11 mm 垫片和 5～6 mm 高低、吊板，焊缝轨面存在 0.5 mm 低塌，加大车轮对钢轨冲击附加应力，导致焊缝处轨底产生宽 22 mm×高 8 mm 核伤，进而引发断轨。

四、警　　示

(1)加强铝热焊缝处线路养护和轨面修。一是督促对该地段铝热焊缝立即采取综合性加强养护措施，拆除垫片，加强打磨和养护，整治白砟，消除线路病害；二是提高线路养护标准，加强伤损处设备养护，对线路伤损和轨面不平顺的焊缝处所，严格落实加强养护措施，养护和检查上“高一挡、严一格”，最大限度减小线路动态不平顺对钢轨的影响，防止出现钢轨局部应力集中造成断轨。

(2)应急处置组织不力，应急时间过长。一是应急检查动作缓慢，该线路车间 7:34 接到红光带通知，检查人员从车间所在地 K1542＋775 徒步赶往 K1541＋255～K1539＋900 处轨道电路区段检查，工区距红光带区段 1.52 km，但检查人员 8:06 才赶到红光带故障地段，用时 32 min，应急意识不强；二是应急准备不足，加固时间过长，8:18 检查人员发现下行 K1540＋995 处右股铝热焊缝折断，随即就近从上行 K1540＋800 右侧路肩取出埋设的臌包夹板及卧式保护器对断缝进行加固，但加固过程中出现因轨枕盒过小，加固卧式保护器只能正常上一个，另一个卡在臌包夹板上无法正常加固到位，不敢贸然开通线路，随即通知车间主任万某某需要配送钻孔机及发电机进行钻孔加固，9:02 钻孔机及发电机配送到故障地点；9:23 钻孔上臌包夹板加固完毕开通线路，反映线路车间断轨应急处置预判不足、准备不充分，发现断轨后未同步安排后续人员携带应急工机具、材料到达现场应急，也未将应急工机具、材料常备于车上随时准备应急，造成断轨后紧急加固处理时间过长。

[案例 28]清筛抬道量过大

一、应急处置过程

2019 年 4 月 29 日 21:00—30 日 00:30，工务机械段根据铁路局集团公司批复施工计划，封锁××下行线 K2052＋700～K2074＋850 区段进行大型养路机械清筛、人工换枕及线路捣固整修施工。2019 年 4 月 29 日 22:57，工务机械段作业人员发现 K2065＋910 右股(上股)钢轨母材部位折断,立即通知工务段现场配合人员进行处理。4 月 30 日 0:22,工务段临时处理完毕,大型养路机械继续进行作业。4 月 30 日 0:29,工务段向车站申请办理施工延点 50 min,作业完毕后按施工计划规定慢行条件开通线路,施工延点 32 min。

二、作业情况

1. 施工计划情况

4 月 29 日—30 日,工务机械段根据铁路局批复 4 月份施工计划,封锁××线 A 站(含Ⅳ道及 103、107、109、119、114、108、102 号道岔)至 B 站间下行线,在封锁范围内 K2052＋700～K2074＋850 处进行大型养路机械清筛及线路捣固、线路整修施工;封锁时,A 站Ⅳ道加开路用列车(自备机车、安检合格)进入封锁施工地段进行作业,作业完后返回 A 站Ⅳ道销点,后 A 站开路用列车到 C 站进大修基地存放;限速里程及条件为开通后,A 站(含Ⅳ道及 103、107、109、119、114、108、102 号道岔)至 B 站间下行线 K2060＋800～K2066＋200 处第 1 列限速 35 km/h,第 2 列限速 45 km/h,第 3 列起仍按原限速60 km/h至 2019 年 05 月 1 日 0:30 止,慢行长度 5 400 m,限速地段无长(短)链,该地段的线路允许速度为 110 km/h;邻线不限速;接触网不需停电。

施工主体单位为工务机械段,施工负责人为清筛车间主任江某某,施工盯控领导为总工程师;施工配合单位为车辆段、车务段、电务段、供电段、工务段。

2. 机械编组情况

编组南起 J_1(机车)＋N_1(平板车)＋3WL_1(物料车)＋Q_1(清筛车)＋8K_1(风动卸砟车)＋D_1(捣固车)＋P_1(配砟车)＋D_2(捣固车)＋N_2(平板车)＋3WL_2(物料车)＋Q_2(清筛车)＋D_3(捣固车)＋P_1(配砟车)＋D_4(捣固车)＋W(稳定车)＋12K_2(风动卸砟车)＋J_2(机车)。

3. 作业调查

4 月 29 日,清筛车间按施工计划在××下行线 K2052＋700～K2074＋850 进行线路大型养路机械清筛施工,实际清筛里 K2064＋050～＋500(清筛 450 m)、K2065＋900～K2066＋100(全抛 200 m),计划封锁给点为 29 日21:00—30 日 0:30,计 210 min。实际给点时间为 29 日 20:59—30 日 0:30,计 211 min。

4 月 29 日 21:09 工程车列在 A 站进入作业区间,21:36 开始进行全抛作业，22:57 在 K2065＋910 处时右侧钢轨突然折断，断轨后施工负责人立即安排清筛车收车。23:20 工务段应急处置人员赶到现场应急处置，30 日 0:35 捣固车以南车组［编组南起 J_1＋N_1（平板车）＋$3WL_1$（物料车）＋Q_1（清筛车）＋$8K_1$（风动卸砟车）＋D_1（捣固车）＋P_1（配砟车）＋D_2（捣固车）］在 K2066＋000 处连挂成整列等压道，0:39 临时应急处置作业完毕，通知工程车压道。0:49 工程车整列到达 A 车站，0:55 配合单位工务同意开通线路，0:57 配合单位电务同意开通线路，开通时间 1:02。

4. 工务段配合情况

4 月 29 日，工务段根据铁路局集团公司批复的施工计划，在××线下行 K2052＋700～K2074＋850 处配合清筛、线路捣固及整修施工。当日工务机械段计划清筛 2 段（下行 K2064＋050～＋500 清筛 450 m，下行 K2065＋900～K2066＋100 全抛 200 m），线路车间安排 1 个盯控组（作业人员 2 人、防护 1 人、盯控干部 1 人）进行施工配合，负责对清筛质量进行盯控。

三、线路设备及探伤检查情况

1. 线路情况

断轨点位于圆曲线上股，曲线半径 693 m，曲线全长 815 m，缓和曲线长 140 m，超高 140 mm；4. 1‰上坡，Ⅲ型轨枕（1 667 根/km），Ⅱ型弹条扣件。钢轨型号为 P60-75V，2011 年 8 月生产，2012 年 5 月 15 日铺设上道，累计通过总质量 450. 406 Mt。钢轨轨面存在连续轻微鱼鳞伤损，侧面磨耗 6 mm、垂直磨耗2 mm。

断轨处无缝线路单元轨条里程 K2065＋125～K2066＋100，长度975 m，锁定轨温 32 ℃，大型养路机械清筛时作业前轨温 27 ℃、作业中轨温 25 ℃、作业后轨温 25 ℃，施工时轨温与锁定轨温之差未超 10 ℃，符合规范规定。

检查断轨前后 100 m 线路，水平最大 3 mm，轨距最大＋5 mm、最小＋1 mm，无高低。扣配件齐全，断缝处前后扣件密贴率为 92％。

2. 伤损情况

钢轨断缝位于××线下行 K2065＋910 右股（曲线上股）钢轨母材，紧贴混凝土枕边缘，钢轨轨面存在深 7 mm×长 15 mm 鱼鳞伤损，其余部位无伤损，为一次性折断，断口全新。裂纹起源为轨头鱼鳞伤损处，至轨腰为垂直，轨腰至轨底呈约 5°下裂，如图 4-39 所示。

图 4-39　钢轨伤损情况

3. 探伤情况

(1)小型钢轨探伤仪：2019 年 3 月 27 日，探伤工区使用 GT-2＋型钢轨探伤仪检查至该位置时发现仪器有鱼鳞伤波显示，倒机进行复核确认鱼鳞伤损深度 5 mm，现场判轻伤，标注一个“△”符号。3 月 27 日，车间回放员下午回放当日探伤数据，数据显示该处为轻伤。段调度值班室回放员 3 月 28 日回放数据显示该处为轻伤，与车间核对确认现场已打符号并进行轻伤跟踪。

(2)大型钢轨探伤车：2019 年 4 月 21 日，大型钢轨探伤车对该地段进行探伤检查，检测速度 62.7 km/h，未超过规定的检测速度 80 km/h。4 月 21 日探伤车间对当日的探伤数据进行回放，数据显示该处存在疑似伤损，并给探伤车间下达伤损复核报告，安排探伤工区徐某某 4 月 23 日到现场复核，复核结果为轨头鱼鳞伤损深 7 mm×长15 mm，伤损程度仍为轻伤。

四、原因分析

当日大型养路机械清筛地段为曲线，钢轨累计通过总质量 450.406 Mt，已超出线路修理规则规定，钢轨状态不良。K2065＋910 处曲线上股钢轨面存在鱼鳞伤损，在大型养路机械清筛全抛作业(挖深 400 mm)后门式起道机原位抬道过程中，道床扰动、抬道量大造成钢轨在该伤损处内部应力集中，一次性折断。

五、警　示

(1)对无缝线路大型养路机械清筛施工防断、防胀安全进行认真研判，根据清筛地段钢轨和扣配件情况制定安全防范措施，确保施工作业过程安全。

(2)抓好大型养路机械清筛施工配合，明确施工地段拆垫、扣配件紧固职责，抓好施工前对接、施工中监督、施工后验收检查，确保施工安全和施工质量可靠。

(3)加强施工应急，组织对各施工项目应急措施进行梳理，配齐应急工机具、材料，确保施工过程中发生突发故障应急有备、迅速，切实减少施工延点情况发生。

案例启示

【启示一】线路保养不良、钢轨伤损加固措施不当等引起钢轨折断的因素主要有：以垫代捣，扣件“四紧”工作落实不到位，绝缘接头病害长时间未整治，小高低、吊板、白砟未及时整治处理，隧道拱顶滴水，道口线路养护不良等。

【启示二】加强对线路、道口病害整治及养护力度：一是改善道床弹性，及时消灭吊板、白砟、翻浆处所，巡视检查发现吊板、翻浆处所当日必须组织整治。二是加大线路、道口轨面修理力度，对无缝线路低塌焊缝和普通线路马鞍形接头的打磨纳入维修计划进行常态化管理。三是对零部件做好“紧松补缺”，确保零部件作用良好。四是加强无缝线路技术管理和扣件“四紧”工作，改善钢轨应力状态。五是杜绝有害作业，改道使用偏心轮，严禁锤击钢轨。

【启示三】加强隧道积水的检查与整治：一是桥隧工区对隧道拱顶滴水处所进行调查，分轻重缓急排定计划进行整治，减少滴水对线路设备的损害。二是线路工区对滴水处所钢轨、扣件加强养护，采取涂油、加强扭力等有效措施，减少钢轨、扣件锈蚀和应力不均匀。三是加强隧道内滴水处所钢轨检查，探伤检查时对隧道内滴水处所钢轨严格落实“站停看波”制度(速度控制在1.0 km/h以内)，必要时进行倒机慢行仔细检查，锈蚀钢轨要除锈后进行全面检查，病害处所使用通用探伤仪进行全断面加强探伤。

第五章　温差变化过大引发钢轨折断

[案例 29]锁定轨温管理混乱

一、应急处置过程

2008 年 10 月 7 日 22:06，工务段当班调度人员接到铁路局调度所电话通知："××站下行三接近出现红光带"。立即通知线路工区工长进行线路检查，并迅速电话通知车间主任。线路工区工长赵某某带领一名职工从下行 K1598+100 检查至 K1596+600，未发现工务设备异常。22:36 通知信号楼联络员在"运统-46"登记"工务设备正常"。红光带仍然未消失，线路工区工长赵某某进行二次检查，23:03 发现 K1597+590 处左股厂焊接头垂直折断，轨缝拉开 10 mm，马上通知信号楼联路员登记封锁线路，并组织用急救夹具加固处理，23:36 登记开通线路。现场加固如图 5-1 所示。

图 5-1　现场加固

二、线路设备及探伤检查情况

1. 线路情况

断轨处位于××隧道内曲线下股，曲线半径 800 m，超高 135 mm，现场调查断轨处前后 100 m 未见明显暗坑吊板，无翻浆冒泥，扣件作用良好；检查前后 50 m 线路扣件密贴率 90%，高低、水平、轨距等几何尺寸良好。线路锁定轨温 34 ℃，轨枕铺设数 1 667 根/km，线路情况如图 5-2 所示。

图 5-2　线路状况

折断钢轨为厂焊缝热影响区内，攀钢 P60-PD_3 轨，2000 年 8 月生产，2001 年 1 月铺设上道。

2. 伤损情况

断面为一次性折断，轨面有少量鱼鳞伤损，轨面状况较好，轨头有明显挤压融化现象，轨底外侧有一处 10 mm×15 mm 锈痕（未形成黑核），轨底两侧为钢轨探伤仪检测盲区，断面其他部位晶粒均匀，未见明显伤损，如图 5-3 所示。

图 5-3　钢轨伤损断面

3. 探伤情况

2008 年 9 月 28 日，检查监控车间使用 1C 型钢轨探伤仪对该处所进行探伤检查作业，检查时仪器无伤波显示，班组记录仪器性能、调试正常。该处检查未超探伤周期。

三、原因分析

(1)由于昼夜温差较大,导致无缝线路拉应力过大,轨头的融化处为折断后挤压所致,轨底外侧的锈痕为材质缺陷,该处为钢轨折断源。

(2)断轨处锁定轨温为 34 ℃,距断轨 50 m 处线路锁定轨温 50 ℃,离高温锁定区较近(约 50 m,上半年集中修大型养路机械清筛放散成 50 ℃高温锁定区),锁定轨温较混乱,导致钢轨材质缺陷处应力集中,可能是导致断轨的直接原因。

四、警　　示

(1)加强锁定轨温管理,对于实际锁定轨温与设计锁定轨温过大,应有计划地进行应力放散。

(2)针对当前正处于昼夜温差大的季节,抓紧组织应力放散,从源头上消除断轨的诱因。

(3)加强正线所有焊缝探伤,确保焊筋及热影响区的探伤;探伤车间做好重点处所探伤检查记录,班组在重点检查区段需有针对性地安排执机手,进行探伤检查作业。

(4)加强应急处置培训学习。本次由于检查人员不认真细致,准备不充分,照明不足,方法不对,检查完一股再检查另一股,导致未能及时发现断轨,并且因工区工长赵某某才担任工长 1 个多月,业务素质不高,应急处理能力不强,造成此次断轨未及时发现和处置,应通过应急处置培训学习提高断轨等事故处置能力。

[案例 30]低温违章作业

一、应急处置过程

2016 年 1 月 13 日 23:05,工务段当班调度人员接到工务部调度室通知:"××线××区间下行 12619G 发生红光带。"立即通知线路车间值班干部和线路工区工长,组织人员赶往现场检查,同时向段值班领导汇报。工区检查人员从工区出发赶赴故障地点进行检查,23:40 检查发现下行线 K1262+518 处右股钢轨垂直折断,拉开轨缝 5 mm。现场检查人员立即对断缝用平直夹板和急救器固定(图 5-4),拧紧前后各 50 m 扣件螺栓后,1 月 14 日 0:20 限速 25 km/h 开通线路。2:29—3:10 临时要点封锁××区间下行线进行换轨处理,完毕后恢复常速开通线路。

图 5-4　钢轨加固状况

二、线路设备及探伤检查情况

1. 线路情况

断轨处位于下行线 K1262＋518 右股母材部位(西端距最近焊缝 4.39 m),缓和曲线上股(曲线半径 700 m,曲线全长 405.39 m,缓和曲线长 120 m,超高 90 mm),XⅡ型混凝土枕(1 760 根/km),道床为花岗岩和石灰石混合道砟,线路坡度 0.9‰下坡。无缝线路,锁定轨温 32 ℃,断轨时轨温3.5 ℃。

钢轨为攀钢 P60-U75V,2011 年 11 月生产,2011 年 12 月铺设上道,累计通过总质量为 381.391 Mt。

检查断缝前后 50 m 线路几何尺寸,轨距最大＋5 mm,水平最大－10 mm,高低最大 6 mm(均位于断轨处),计划与现场正矢差最大＋5 mm(断缝往东 10 m)。抽查断缝处东端 K1262＋450 处扣件密贴率 96%,西端 K1262＋590 处扣件密贴率 74%。断缝前后线路无翻浆、吊板情况。

2. 伤损情况

断面轨头内侧轨距圆角有一处宽 5 mm×高 5 mm 鱼鳞伤损,鱼鳞裂纹向下扩展形成宽 30 mm×高 26 mm 裂痕,裂痕在列车动态作用下产生挤压、摩擦痕迹,其余部位断面全新、平整,呈一次性垂直折断形态,如图 5-5 所示。

图 5-5　钢轨伤损断面

3. 探伤情况

（1）小型钢轨探伤仪：2015 年 12 月 21 日，探伤工区使用 JGT-10 型钢轨探伤仪对该区段进行检查，探伤检查情况正常，未发现异常伤损处所，断缝处即时探伤速度 2.30 km/h。

（2）数据回放分析：断后工务部对最近 3 个周期检测数据进行回放分析（前两个探伤周期为 11 月 23 日、10 月 21 日），灵敏度正常，该处前后均未发现疑似伤损波形，距铝热焊 4.39 m 处波形正常，无疑似伤损反射波，如图 5-6 和图 5-7 所示。

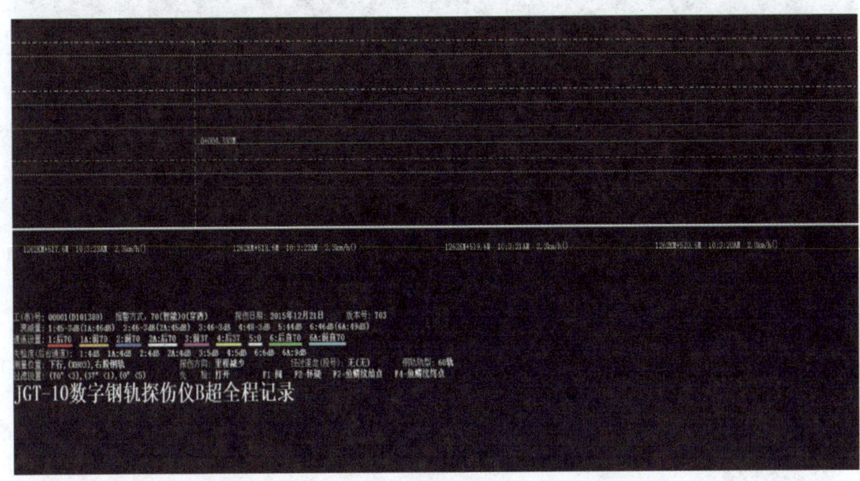

图 5-6　10 月 21 日小型钢轨探伤仪波形

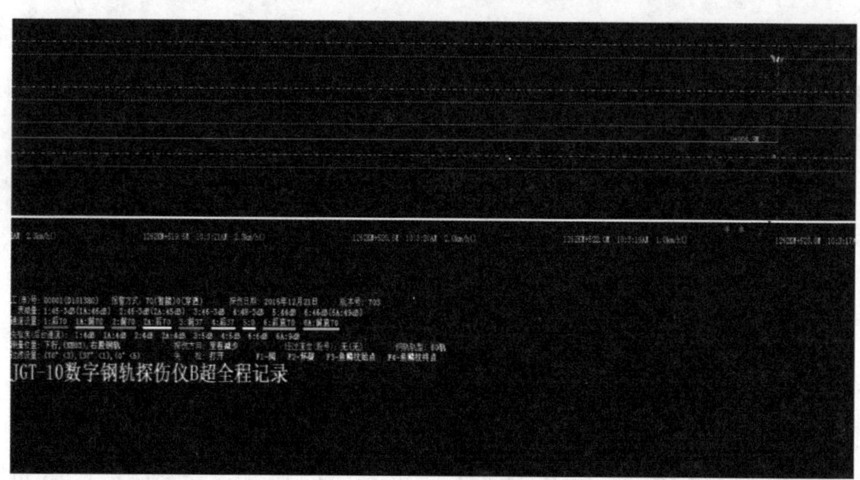

图 5-7　11 月 23 日小型钢轨探伤仪波形

(3)大型钢轨探伤车:2015 年 12 月 12 日,铁路局大型钢轨探伤车对该区段进行巡检、探伤检查(80 km/h 检测速度探伤车),该处探伤检查速度为 74.67 km/h,断缝处所未发现疑似伤损波形,如图 5-8所示。

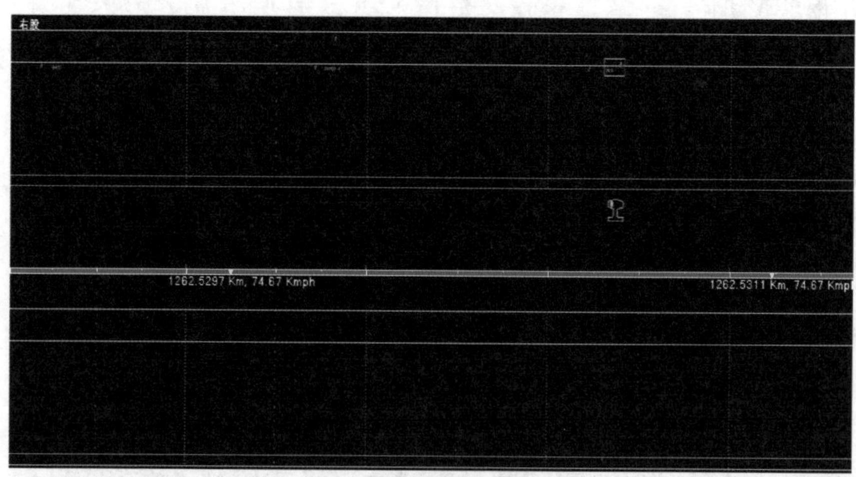

图 5-8　大型钢轨探伤车波形

4.检查情况

2015 年 12 月 18 日,轨道检查车检查断缝处所前后 100 m 范围内无几何尺寸 Ⅱ 级及以上超限处所,Ⅰ 级超限 2 处(K1262 + 518 左高低峰值

−8.64 mm,K1262＋613 大轨距峰值 6.23 mm),K1262＋400～＋600 单元 TQI 值 8.67 mm(全线 TQI 值 10.29 mm),如图 5-9 所示。

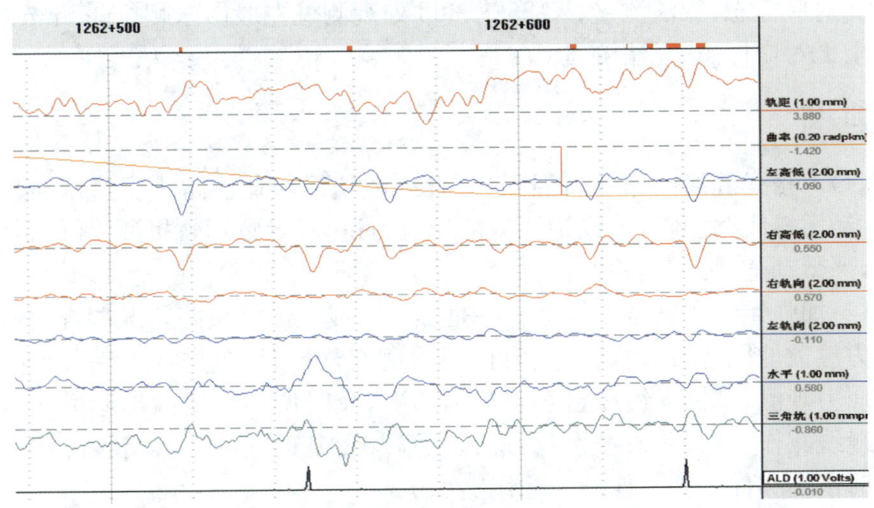

图 5-9　轨道检查车波形

三、原因分析

(1)曲线上股轨面存在轻微鱼鳞伤损(深度 4～6 mm),断缝处线路动态不平顺,存在 6 mm 高低、10 mm 水平,2015 年 12 月 18 日断缝处轨道检查车高低Ⅰ级超限峰值-8.64 mm,断轨后检查仍然存在。且 2015 年 12 月 28 日断缝附近抽换电容枕、2016 年 1 月 6 日改道作业,均在低温情况下违章作业,对无缝线路稳定性进行了扰动,造成钢轨内部应力增大,轨头内侧轨距圆角鱼鳞伤损薄弱处所向下渗透扩展裂纹(轨头内侧存在面积性撕裂痕,从晶体分析产生时间不长),裂纹未被及时发现,且近期气温骤降,在低温拉应力及列车动态应力作用下,造成钢轨一次性垂直折断。

(2)无缝线路技术管理不规范。该 400 m 单元轨条,2015 年曾发生一起断轨(K1262＋965 处),进行了插入焊作业,断轨处也进行过重伤轨插入焊处理作业,查阅 2015 年未更新的无缝线路技术资料,无插入焊记录,无放散记录,2011 年 12 月17 日铺设时轨温 5 ℃,但未填写放散拉伸量等情况,无从查证是否进行过应力放散、调整。另一相邻单元轨条铺设时间为 2012 年 12 月 18 日,但铺设轨温填写为 25 ℃,明显错误。现场对该单元轨条三处观测桩进行抽查,存在爬行量较大、观测标志不全等问题(K1462+935处防断观测桩两股钢轨上均无对应标志,无法测量;K1262+000处观测桩左股向东爬行16 mm、右股钢轨上无对应标志,无法测量;K1262+365处观测桩左股向东爬行36 mm、右股钢轨上无对应标志,无法测量)。

四、警　　示

(1)严格无缝线路作业轨温条件,杜绝超轨温作业。防止因违章、盲干动道,扰动无缝线路稳定,造成钢轨内部拉应力过大,导致钢轨折断。同时,低温季节,严禁动道,加强巡检。

(2)加强无缝线路技术管理。一是加强对线上无缝线路状况调查,合理确定应力放散地段,使钢轨内部应力得到均衡调整;二是改进技术手段,加强对钢轨应力观测,掌握无缝线路真实应力状况,及时调整钢轨内部应力;三是加强无缝线路作业控制,改进作业方法,低温及高温天气严格落实轨温"三测",并及时恢复扣件、道砟,保持无缝线路稳定性。

[案例31]气温骤降

一、应急处置过程

2018年12月10日9:08,工务段维修工区副工长在站内下行设备巡查时,发现××站13号道岔右直基本轨跟部一次性折断,立即通知驻站联络员在车站信号楼登记封锁××站13号道岔直股,并向段调度及线路车间汇报。接到信息后,线路车间主任立即赶往现场,同时安排工区人员做好更换准备。11:02工务驻站联络员向调度所申请临时要点更换钢轨,11:03—11:33,插入9.1 m同型号钢轨,处理后恢复常速开通线路。

二、线路设备及探伤检查情况

1.线路情况

断轨处位于××线下行××站13号道岔直基本轨,道岔型号为12号道岔,花岗岩一级道砟。钢轨为攀钢P60-U75V,2004年10月生产,2008年9月焊接上道;无缝线路,锁定轨温32 ℃,断轨时轨温3 ℃。

检查线路水平最大2 mm,无三角坑超限,轨距最大+2 mm,轨距变化率良好，无翻浆、吊板 3 mm，扣件密贴率南头 96%达标、北头 98%达标，扣件齐全有效，轨底大胶垫无失效。

2. 伤损情况

钢轨垂直磨耗 7 mm，在铝热焊接头轨底焊缝边缘往南头 10 mm 处，钢轨轨腰与轨底圆弧处存在一处高 20 mm×宽 35 mm 疲劳伤损。钢轨伤损断面如图 5-10 所示。

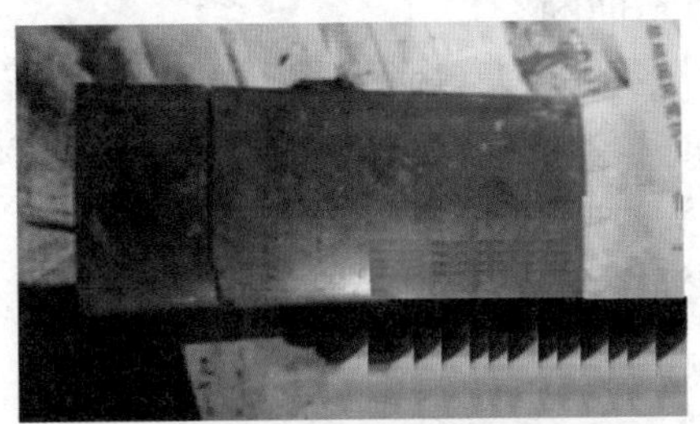

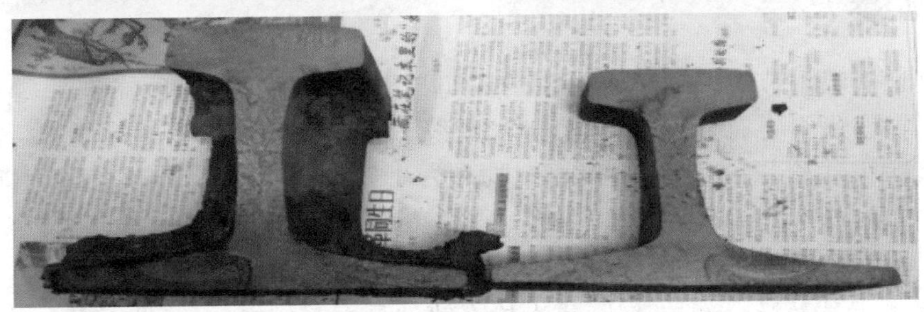

图 5-10　钢轨伤损断面

3. 探伤情况

(1)焊缝探伤：2018 年 11 月 26 日，探伤工区对××线上下行 K1838＋150～＋300区间，用 CTS-1008 型钢轨探伤仪使用 K2.5 探头对焊缝轨底进行探伤。工务段回放分析员对当日探伤数据进行回放分析，仪器各项设置及灵敏度正常，断轨处探伤速度为 0.4 km/h，探伤作业情况正常，无疑似伤损回波。

(2)小型钢轨探伤仪：2018 年 12 月 4 日，探伤工区使用 JGT-10 型钢轨探伤仪对××线下行 K1835＋100～K1838＋700 区间进行探伤检查，探伤作业情况正常，无疑似伤损回波。

4. 动态检测情况

2018 年 12 月 7 日，中国铁路总公司轨道检查车检查××线下行××站

13 号道岔前后 100 m 范围内无Ⅱ级超限，Ⅰ级超限 1 处。

三、原因分析

(1)断轨处位于道岔直基本轨铝热焊接头，钢轨轨腰与轨底圆弧处存在一处高 20 mm×宽 35 mm 疲劳伤损，导致钢轨强度降低，当地气温骤降(降温幅度达 15 ℃)，温差突然增大，钢轨内部拉应力也随之增大，并在列车反复冲击作用下，疲劳伤损进一步发展，引起整个断面断裂。

(2)由于该焊头为 2008 年焊接遗留老旧焊头，焊筋溢流肥边与钢轨表面形成夹缝，存在 15 mm 夹皮，探伤检查时存在一定盲区。而疲劳伤损在轨底Ⅲ区圆弧处，造成探伤检查时圆弧面探头耦合度差，超声波衰减严重，且轨底斜坡面存在锈坑，进一步降低了超声波穿透力，导致该处疲劳伤损较难被检查发现。

四、警　　示

(1)低温季节加强铝热焊接头的探伤与手工检查。一是低温季节，温差较大时，探伤班组要有计划、有重点地对焊缝、道岔、鱼鳞伤损密集地段进行加密探伤，防止漏检，对于探伤盲区，要进行技术攻关，发现可疑处所要加强回放；二是通过查尺寸、看状态，结合钢轨状态、线路情况加强手工检查。

(2)加强重点设备的保养。加强对辙叉、尖基轨、护轨、焊缝接头、绝缘接头、线路吊板及线桥结合部的整治，重点检查轨件是否有伤损、焊缝是否存在马鞍形低塌、吊板等病害，并对吊板、胶垫失效、焊缝接头低塌等病害及时整治处理。

[案例 32]昼夜温差过大

一、应急处置过程

2019 年 1 月 26 日 23:40，工务段调度人员接到“××西站 4 号道岔区段及 X1LQG 红光带”通知后，立即启动应急预案，通知线路车间值班干部及线路工区班长组织人员赶赴现场进行检查处理，并向段领导及相关业务科室汇报。1 月 27 日 0:20 现场检查发现××线下行 K1306＋360 处右股钢轨垂直折断，拉开轨缝 16 mm，0:55 上臌包夹板加固处理并拧紧断缝前后 50 m 扣件，1:03 登记××线下行 K1306＋310～＋410 限速 25 km/h 放行列车。

4:25—4:55，申请临时要点插入 6.0 m 钢轨，恢复常速开通线路。

二、线路设备及探伤检查情况

1. 线路情况

K1306＋360 断轨处位于铝热焊缝西端，距铝热焊缝中心100 mm；断缝位于圆曲线地段(距曲线缓圆点约 43 m)，曲线半径 345 m，曲线全长 511.92 m，超高 135 mm，缓和曲线长 100 m；线路由东向西下坡，坡度 5.8‰，Ⅲ型混凝土枕(1 680 根/km)，花岗岩和石灰石混砟道床；跨区间无缝线路，锁定轨温 32 ℃，断轨时轨温 6 ℃。

2. 伤损情况

断缝处钢轨为攀钢 P60-U75V，2018 年 6 月生产，2018 年 9 月 14 日铺设上道，累计通过总质量为 23.98 Mt。

检查断缝处前后 50 m 线路，轨距最大＋4 mm、最小 0 mm，水平最大＋1 mm、最小－5 mm，三角坑最大 6 mm，高低最大 5 mm，圆曲线正矢最大＋3、最小－2 mm，正矢连续差最大 4 mm，道床饱满，无翻浆、吊板。东头弹条扣件密贴率 86％，西头弹条扣件密贴率 84％。

铝热焊热影响区范围内存在一处 5 mm×5 mm 伤源(距轨底外侧裙边 42 mm、距轨底 11 mm 处轨底角探伤盲区范围内)，钢轨伤损断面如图 5-11 所示。

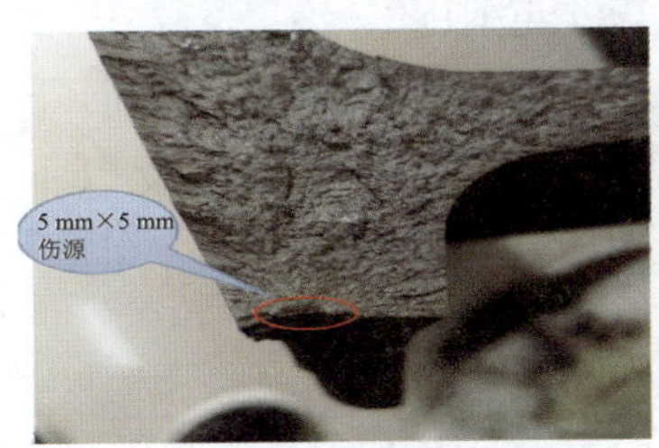

图 5-11　钢轨伤损断面

3. 线路养护情况

查“工务安全生产管理信息系统”线路工区作业派工单及回检记录，2018 年 12 月 26 日—2019 年 1 月 25 日期间，工区未在断轨处前后 50 m 范围内动道作业。

4. 探伤情况

(1)焊缝探伤：2018 年 9 月 14 日，××线下行 1306＋360 右股铝热焊焊连后，焊缝探伤工区于9月15日对该焊缝进行了探伤，探伤作业情况正常，当日探伤合格。

(2)小型钢轨探伤仪：2019年1月9日，探伤工区对该区段进行了探伤，当日检查通过该处铝热焊缝时，未出现任何异常波形(伤损位于焊缝热影响区轨底角部位探伤盲区)。1月10日探伤数据分析员对该区段探伤作业数据进行回放分析，探伤仪器耦合良好，探伤灵敏度正常，该处铝热焊焊筋波出波饱满，断缝处无异常波形，通过断轨处所探伤即时速度0.76 km/h。

(3)大型钢轨探伤车：2019年1月12日，大型钢轨探伤车探伤作业情况正常，该处未发现异常。

5.检查情况

(1)静态检查：2019年1月8日，检查工区推行轨检小车检查下行K1303＋000～K1307＋500区段(同步检查结构性病害)，断缝处K1306＋360前后50 m线路几何尺寸无A类问题，B类问题9处。

(2)巡视检查：查工区日作业计划及巡视检查记录，线路工区每周对小半径曲线进行一次巡查，最近一次为1月23日，K1306＋330处弹条松动2个，无其他结构性病害问题。

6.动态检测情况

(1)轨道检查车：2019年1月9日，铁路局集团公司轨道检查车检查K1306＋360前后50 m线路无轨道检查车Ⅰ级及以上超限。

(2)车载式线路检查仪：2018年12月27日—2019年1月27日期间，下行K1306＋360前后50 m线路一个月内无车载式线路检查仪Ⅰ级及以上报警。

三、原因分析

铝热焊热影响区范围内存在一处5 mm×5 mm伤源，近期昼夜温差较大，无缝线路内部应力大，钢轨在列车动荷载作用和内应力双重作用下沿伤源处横向断裂，同时轨底纵向撕裂。

四、警　　示

(1)抓好防寒过冬措施落实。加强低温期间线路巡查，防止低温出现钢轨应力过大，导致钢轨折断。

(2)做好低温期间探伤加密检查,对于线路重点地段、薄弱环节,探伤班组要严格检查流程、检查质量,杜绝出现漏检现象。

案例启示

【启示一】温差变化过大造成钢轨折断的原因有:锁定轨温管理混乱,低温违章作业,气温急剧下降、钢轨内部拉应力增大等。

【启示二】应加强无缝线路技术管理:一是加强锁定轨温管理,对于实际锁定轨温与设计锁定轨温偏差过大,应有计划地进行应力放散。二是严格无缝线路作业轨温条件,杜绝超轨温作业;防止因违章、盲干动道,扰动无缝线路稳定,造成钢轨内部拉应力过大,导致钢轨折断;低温季节,严禁动道,加强巡检。三是加强无缝线路作业控制,改进作业方法,低温及高温天气严格落实轨温"三测",并及时恢复扣件、道砟,保持无缝线路稳定性,杜绝违章作业。

【启示三】加强低温下线路巡视与探伤检查:一是低温季节,温差较大时,探伤班组要有计划、有重点地对焊缝、道岔、鱼鳞伤损密集地段进行加密探伤,防止漏检;对于探伤盲区,要进行技术攻关,发现可疑处所要加强回放。二是通过查尺寸、看状态,结合钢轨状态、线路情况加强手工检查。

第六章　应急处置不当导致故障延时升级

[案例 33]未执行应急处置预案

一、应急处置过程

2012 年 8 月 22 日 10:36，××站内下行 XL_3 信号机内方第一轨道电路区段红光带。11:36 经电务、工务巡查人员检查发现，××线下行 K1112＋370 处(行车方向)右股钢轨折断。12:07 工务人员临时加固断轨处(图 6-1)后限速 45 km/h 开通线路。13:33—13:51，钻孔加固后线路恢复正常速度。

图 6-1　线路加固

二、线路设备及探伤检查情况

1. 线路情况

断轨处为××站 L_5 号岔—5 号岔间 K1112＋370 处。钢种为攀钢 P60-U75V 钢轨，2005 年 5 月生产，2005 年 10 月铺设上道。区间无缝线路，直线，锁定轨温 34 ℃；Ⅱ型混凝土枕(1760 根/km)，如图 6-4 所示。

检查断轨处前后 100 m 线路，轨距最大＋4 mm、最小－3 mm，水平最大 6 mm，吊板 2～3 mm。现场抽查断缝前后 100 个弹条扣件密贴率，不密贴率为 39%，超标准 27%(不密贴率标准为 12%)。

图 6-2　线路状况

2. 伤损情况

现场检查断缝 2 mm，距厂焊接头 170 mm，轨面有鱼鳞伤损，焊缝低塌 1 mm。从表面看，为一次性垂直折断。钢轨垂直磨耗 5 mm，现场未见探伤伤损符号。

对下道钢轨断缝断面检查，发现轨底中部有一个 22 mm×10 mm 核伤，如图 6-3 所示。

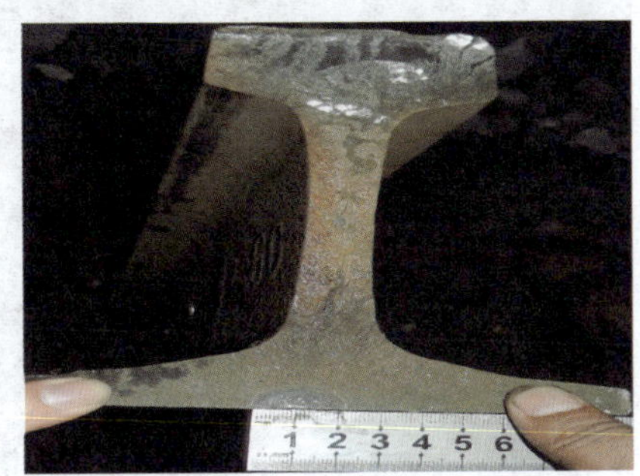

图 6-3　钢轨伤损断面

3. 线路养护情况

查工区日作业计划，2012 年8 月 10 日工区对该段线路进行了调查，无超限处所；8 月 17 日工区对下行线 K1112＋000～K1117＋000 区段进行了保养作业。

4. 探伤情况

(1)小型钢轨探伤仪:2012 年 8 月 15 日,探伤工区对××站到发线、××线上行 K1114+500~K1109+600(含短链)、下行 K1112+000~K1114+500 进行探伤,通过断轨处持机检查速度为 2.6 km/h。仪器型号为 JGT-10 型数字钢轨探伤仪,保养时间为 2012 年 7 月 30 日,仪器保养后对探头灵敏度余量、探伤仪器性能等未及时填写探伤仪技术履历书。

(2)数据回放分析:8 月 16 日,检查监控车间对数据进行分析,××站到发线右股由于线路表面状态不良导致多处接头前后 37°和 0°探头螺孔波显示不全,未发现疑似伤损波形;8 月 22 日,工务段动态分析组对该区段数据进行抽查分析,除到发线因轨面状况较差造成耦合不良外,未发现异常伤损波形显示,正线接头探伤波形显示饱满,探伤灵敏度正常,耦合良好,当日作业速度为 2.65 km/h,非焊缝热影响区作业速度正常。探伤周期为 30 d,符合规定要求,断轨处波形如图 6-4 所示。

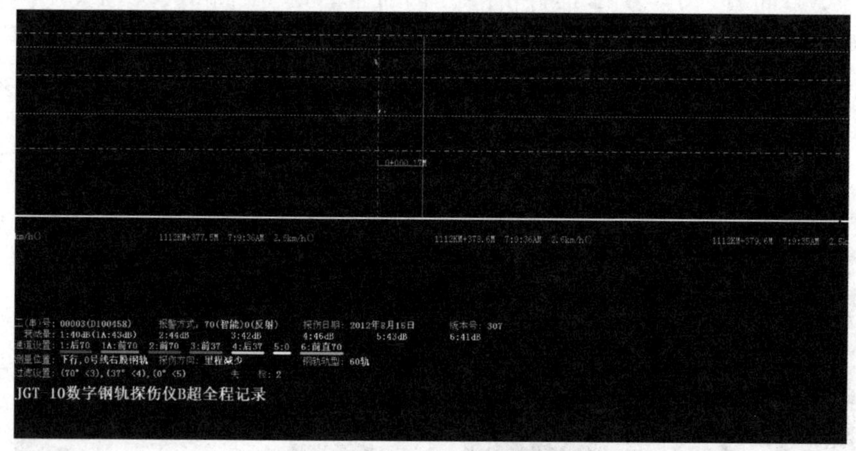

图 6-4　小型钢轨探伤仪波形

(3)大型钢轨探伤车:2012 年 7 月 5 日,使用大型钢轨探伤车对该区段进行探伤,检查未发现疑似伤损。

三、原因分析

(1)现场应急处置不力。一是工务段线路工区未执行段应急处置预案,当发生红光带时，未携带钢轨检查架检查故障区段；二是现场检查人员在未检查线路完毕时（距故障地点××下行 K1112＋370 右股处仍有 100 m 距离），通知信号楼联络员登记工务设备正常，应急处置严重不到位，延长了故障处置时间。

（2）工区工长业务能力不强，对相关规章规范及规定掌握不清，违反要求放行列车。

四、警　示

（1）加强断轨应急处置、严格执行应急处置预案。落实红光带应急处置要求，对检查发现断轨，严格信息通报程序，由段安全生产调度指挥中心统一按线路钢轨折断后紧急处理要求指挥现场处理。

（2）对现场轻伤有发展的钢轨，坚持每日向车间汇报，车间整理后上报调度，按要求进行加固。

（3）加强线路设备养护。落实线路设备巡检指导，加强无缝线路地段扣件“四紧”工作，及时更换失效锈蚀零配件。

（4）加大业务培训力度。通过培训提高现场应急处置能力，防止出现因处置不到位，影响行车。

［案例 34］违章蛮干

一、应急处置过程

2018 年 1 月 31 日 23:54，工务段调度室接到工务部调度电话通知：“××线下行××区间 14111G 红光带。”立即启动应急处置预案，通知线路车间主任邹某某和线路工区班长刘某某派人前往现场处置，同时将情况依次向工务段值班领导和相关科室汇报。2 月 1 日 0:06 线路工区班长刘某某巡查发现下行线 K1411＋210 左股铝热焊处钢轨折断，立即使用对讲机通知驻站联络员和线路车间主任。0:30 车间主任组织现场人员在断轨处钻好 4 孔，使用臌包夹板和保护器紧急加固（图 6-5）处理完毕后，登记常速开通线路。线路车间主任邹某某将现场处置断轨情况向工务段调度汇报，调度值班员向段领导请示后，要求现场对断缝前后螺栓扣件进行紧固、增设轨距杆及在断缝处增垫枕木头，并安排人员现场 24 h 看守。2 月 1 日 10:01—10:22，线路车间主任邹某某组织人员对断轨处插入 1 根长 7.1 m 短钢轨进行临时处理。

图 6-5　现场钢轨加固

二、线路设备及探伤检查情况

1. 线路情况

断轨处位于 K1411＋210 处圆曲线上股，距缓圆点 95 m，为铝热焊接头，曲线半径 405 m，曲线全长 585.75 m，超高 130 mm，缓和曲线长90 m，坡度为 9.2‰。跨区间无缝线路，锁定轨温 32 ℃，设计速度120 km/h，该曲线允许速度 85 km/h。

钢轨为攀钢 P60-U75V，2016 年 5 月 3 日焊接上道，钢轨垂直磨耗 5 mm，侧面磨耗 4 mm，累计通过总质量 140.4 Mt。道床为一级道砟，轨枕为Ⅱ型混凝土枕(1 760 根/km)。

2. 伤损情况

铝热焊接头开始焊轨时 22 ℃，结束焊轨时 150 ℃，焊轨时预留轨缝 23 mm，对轨时尖点 2.4 mm、预热时间 5 min，浇注反应时间 26 s、拆模时间 6 min，推瘤时间 6 min30 s，轨顶面平顺度 0.6 mm/m，内侧工作边 0 mm，线路前后 50 m 扣件“四紧”98%，现场焊接钢轨作业未见异常。

断缝由轨底向轨头与钢轨截面成约 30°斜裂，拉开轨缝 6 mm，轨底处断缝距铝热焊缝中心 5 mm，轨头处断缝距铝热焊缝中心 110 mm；断口处在轨底与轨腰圆弧交界处，距钢轨非作用边外侧轨底角边缘 50 mm 存在一处 12 mm×8 mm 溢流肥边疲劳源，经对断面进行清洗，没有明显伤损。钢轨顶面擦伤及钢轨伤损断面如图 6-6 和图 6-7 所示。

图 6-6　钢轨顶面擦伤

图 6-7　钢轨伤损断面

3. 线路养护情况

2018 年 1 月 11 日，线路工区在 K1406＋000～1412＋000 区段进行找小坑、改道作业，作业后回检质量合格。

4. 探伤情况

(1)焊缝探伤：2017 年 4 月 13 日、10 月 11 日，探伤工区对该铝热焊缝按照一年两遍探伤任务进行全断面探伤检查，焊缝探伤未超周期，符合铁路局焊缝探伤要求。2017 年 10 月 11 日，检查监控车间探伤工区对××下行线 K1411＋210 左股铝热焊接头焊缝探伤，探伤工周某某使用双探头扫查架对钢轨轨头轨腰部分进行探伤，探伤工吴某某使用 0°和 K2.5 探头对钢轨轨头及轨底进行探伤检查，检查过程中未发现异常伤损，焊缝登记台账记录焊缝超宽 25 mm。

(2)小型钢轨探伤仪：2018 年 1 月 25 日，探伤工区使用 JGT-10 型钢轨探伤仪对××线下行 K1418＋500～K1410＋500 区段进行探伤，探伤仪器耦合良好，灵敏度正常，探测该铝热焊缝时各通道波形饱满，无异常伤损波形显示，通过断轨处所探伤即时速度为 0.4 km/h。

(3)数据回放分析：2018 年 1 月 26 日，回放员对该区段探伤数据进行回放分析，回放过程中未发现疑似伤损；同时对该处焊缝进行了视频回放，记录按要求使用各探头进行扫查，未发现作业问题。

(4)大型钢轨探伤车：2017 年 12 月 10 日，使用大型钢轨探伤车检测××线下行 K1402＋700～K1439＋300 区段，检查过程中未发现该断轨处存在疑似伤损。

5. 检查情况

(1)轨道检查车：2018 年 1 月 10 日，铁路局集团公司轨道检查车检查该区段，轨道检查车里程与现场里程一致，断轨处所前后 50 m 线路无轨道检查车Ⅰ级及以上超限。

(2)静态检查及轨检小车：2017 年 12 月 28 日，线路车间检查工区对××线上下行 K1410＋000～1414＋000 区段进行了设备检查，发现 B 类问题5 个，分别为 K1411＋171 左高低 7.1 mm，K1411＋192 水平－6.4 mm，K1411＋211 左高低－6.8 mm，K1411＋212 水平－7.4 mm，K1411＋230 水平－7.4 mm；2018 年 2 月 1 日，线路车间检查工区检查该地段发现 B 类问题 5 个，分别为 K1411＋170 右高低 8.4 mm、左高低 7 mm，K1411＋212 右高低－6.7 mm、左高低－9.9 mm，K1411＋213 水平－8 mm。

四、原因分析

(1)铝热焊焊缝因焊接质量不良，焊筋边缘钢轨表面形成溢流肥边，与钢轨表面形成折叠夹缝，造成应力集中，在列车荷载作用力冲击下，钢轨一次性折断。线路车间发现断轨后，在对断缝处钻孔使用臌包夹板和保护器紧急加固处理后，严重违反《普速铁路工务安全规则》第 2.3.3 条关于“线路钢轨(焊缝)折断，断缝小于 30 mm 时，在断缝处上好臌包夹板和保护器紧急处理后，列车放行速度不超过 25 km/h”的规定，盲目按常速开通线路，直至 2 月 1 日 10:01 临时申请要点插入短轨处理后，线路才真正满足常速运行要求，是造成事故的直接原因。

(2)工务段相关管理人员，在发生断轨后盯控不到位，使得现场加固后常速开通线路，是造成事故升级的重要原因。

四、警　示

(1)加强对铁路工务安全规则等规章的学习。通过学习掌握应急情况下的处置流程、规定等,防止盲目放行列车,造成故障升级。段职教科、车间、班组应组织针对规章中关于应急处置的学习与考试。

(2)加强应急演练。车间、班组应制定计划,并结合岗位练兵,做到应急演练每一个步骤、每一个细节人人动手,人人过关。只有平时多演练,关键时应急处置才会不出问题。

(3)强化焊接管理,提高焊接质量。重点验收焊筋打磨和外观工作,保证焊头的平顺性,严格遵循二次打磨的程序,抓焊筋的灰渣、夹皮清理工作,确保焊接作业标准化。

案例启示

【启示一】导致故障处置延时升级的因素主要有:未执行应急处置预案、严重违反铁路工务安全规则规定致使应急处置不当等。

【启示二】加强断轨应急处置、严格执行应急处置预案:一是落实红光带应急处置要求,检查发现断轨,严格信息通报程序,由段安全生产调度指挥中心统一按线路钢轨折断后紧急处理要求指挥现场处理。二是严格执行应急处置预案流程进行处置,杜绝盲目处置。

【启示三】加强规章的学习和应急演练:一是加强对铁路工务安全规则等规章的学习,通过学习掌握应急情况下的处置流程、规定等,防止盲目放行列车,造成故障升级。二是加强岗位练兵,车间、班组要制定计划,并结合岗位练兵,做到应急演练人人动手,人人过关。

第七章　钢轨检查人员漏检及错判引发钢轨折断

[案例 35]探伤人员检查不细

一、应急处置过程

2009 年 1 月 15 日 1:52,工务段调度人员接到铁路局工务处调度室通知:"××线下行 K1179+900 信号机红灯。"立即通知车间值班副主任王某某,2:03 王某某赶到信号楼,线路工区工长李某某、职工黄某某使用钢轨检查架从 K1179+900 开始往西推行检查钢轨。推行至 K1180+00 处时邻线来车,李某某下道后臆测可能是前方绝缘接头出了问题,就放弃了继续推行检查,直奔 K1181+800 处绝缘接头查看,检查接头未发现问题后,在没有复核、检查线路情况下,认为工务设备正常,且此时红光带已消失,之后一直未出现红光带。李某某随即通知驻站联络员进行销记,2:13 工务登记设备正常。但是由于原因不明,工务调度部门要求继续进行设备检查,2:23 李某某与电务现场检查人员一同返回检查,推行至下行 K1180+150 时目测电筒前方钢轨光带异常,随即发现下行 K1180+050 左股钢轨断裂,且拉开轨缝 14 mm。李某某立即用手电筒显示停车信号,奔向即将开来的××次列车,打停了该趟列车,后返回工区取保护器和夹板,对断轨处加固处理后至 3:15 登记开通线路,同时安排人员现场看守。

二、线路设备及探伤检查情况

1. 线路情况

断轨为攀钢 P60-U75,1 号轨 2008 年 8 月生产,2008 年 10 月 12 日铺设上道,2008 年 12 月 15 日综合机修车间进行带孔焊接,锁定轨温 30 ℃;2 号轨 2006 年 5 月生产,2007 年 5 月 18 日铺设上道,2008 年 12 月 15 日综合机修车间进行带孔焊接,锁定轨温 30 ℃。经断轨现场检查,线路方向、高低、轨距、水平状态良好，无暗坑吊板。

2. 伤损情况

断缝断面轨头轨面下 10 mm 处存在 60 mm×74 mm 晶体不均，颗粒疏松面较大；焊缝东侧 23 mm(热影响区范围内)处存在电务跳线孔。钢轨伤损断面如图 7-1所示。

图 7-1　钢轨伤损断面

三、原因分析

(1)断轨原因：断缝断面晶体不均，颗粒疏松面较大，系焊接时工艺不过关造成的。焊缝东侧存在电务跳线孔，引发断轨。

(2)探伤检查问题：2008 年 12 月 17 日进行焊接验收，该处接头累计进行探伤小车检查 5 次，通用仪器手工检查 2 次，检查监控车间探伤人员焊缝检查不仔细，作业中简化作业程序，12 月 24 日检查该地段未能检查出问题，属责任漏检。检查监控车间复核大型钢轨探伤车数据出现漏洞，12 月 13 日铁路局大型钢轨探伤车在管内检查时，已发现××线下行 K1180＋050 核伤，检查监控车间未及时执行复核检查程序，从而没有及时进行加固处理。

(3)应急处理问题：工区工长李某某检查不到位，责任心不强，工区应急处理能力差，对红光带、断轨处理全过程有关知识掌握不熟练，在未查找出红光带具体原因的情况下，没有进一步检查钢轨情况，盲目汇报设备正常，且对应急处理设备不了解，致使往返工区两次，延误线路开通时间。

(4)焊接质量问题：综合机修车间焊接时未按标准将热影响区内存在的跳线孔切除，留下了严重的安全隐患。

四、警　　示

(1)加强钢轨探伤工作管理力度,严格落实探伤工区跟班检查和数据回放制度,杜绝漏检现象。

(2)加强探伤业务培训和岗位练兵,不断提高业务技能,防止因业务水平不足出现技术上的漏检。

(3)加强大型钢轨探伤车信息监控,检测数据第一时间传至调度部门,由调度人员依照流程进行信息通报,并要求督促检查监控车间 24 h 内上报复核信息。

(4)加强焊接技术把关,技术科焊接技术指导人员要严格按标准实施技术控制,确保焊接热影响区内不存在任何可能诱发伤损的瑕疵。

(5)加强职工业务技术培训,加强职工应急能力培训,组织工区全面学习无缝线路故障处理流程,开展岗位练兵活动,全面提高业务技能和非正常情况下处置应变能力,根据"实际、实用、实效"的原则,进一步细化钢轨、夹板折断应急处理预案,分段、车间和班组三级开展应急演练,提升干部职工应急处置红光带和断轨的工作能力。

[案例 36]探伤人员业务水平差

一、应急处置过程

2009 年 12 月 12 日 23:40,工务段调度人员接到铁路局工务处调度室电话通知:"××线上行 K1414+000 出现红光带。"立即启动应急预案,并通知线路车间与线路工区,同时向相关领导汇报。12 月 13 日 0:20 工区人员赶到现场检查,发现 K1412+670 右股距离焊缝接头 160 mm 处垂直折断,轨缝拉开 4 mm。工区立即组织抢修并向车间及段调度汇报,在断轨处安装臌包夹板,并用急救器固定,将断轨前后 50 m 扣件进行复拧加固,0:43 登记限速 25 km/h开通线路。1:43—2:00,经钻孔加固后开通线路恢复常速。

二、线路设备及探伤检查情况

1. 线路情况

断轨位于 K1412+670 右股圆曲线上股,曲线半径 490 m,曲线全长 900.17 m,超高 135 mm,缓和曲线长 130 m。该地段钢轨为包钢 P60-U75V,2009 年 4 月生产,2009 年 6 月铺设上道,累计通过总质量292.49 Mt。无缝线路,锁定轨温 35 ℃,断轨时现场轨温 4 ℃,钢轨无爬行痕迹。

断轨处为一级道砟道床,道床饱满;线路无翻浆、吊板。XⅡ型混凝土枕(1 840 根/km);扣件扭力达标(抽查断轨处 100 个弹条扣件,东头密贴率 92%,西头密贴率 89%),作用良好,无缺失零部件。

断缝线路前后各 50 m 检查轨道几何尺寸,轨距最大+6 mm(侧面磨耗 8 mm)、最小+2 mm,水平最大+6 mm、最小+2 mm,断轨处无翻浆、吊板。

2.伤损情况

断口距西头焊缝 160 mm 处,作用边内侧轨头有鱼鳞伤损发展成一宽 35 mm×高 37 mm 核伤,断轨断面如图 7-2 所示。

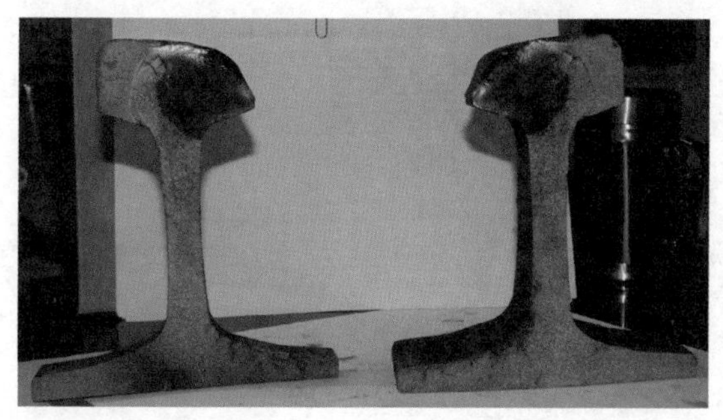

图 7-2　钢轨伤损断面

3.线路养护情况

(1)2009 年 11 月 14 日、11 月 30 日,工区安排"三折"检查,检查上行线 K1408+800～K1414+800 区段无异常;12 月 9 日,工区在上行线 K1412～K1413 区段进行改道、取垫竹片作业。

(2)查工区"伤损设备登记簿(三折一裂)",该地段无伤损记录。

(3)2009 年 12 月 4 日,工区无缝线路钢轨位移观测记录,3 号桩(K1411+764)位移+1 mm,4 号桩(K1412+364)缺少观测桩,5 号桩(K1412+864)位移+1 mm。

(4)上行线 K1413+747～K1411+364 区段无缝线路于 2009 年 6 月 11 日铺设以来,因该段大修验收时铺设轨温已按要求达到设计锁定轨温,所以未进行过应力放散。

4. 探伤情况

(1)小型钢轨探伤仪:2009 年 11 月 24 日,探伤工区对该地段进行了探伤检查,未发现该处钢轨异常。

(2)焊缝探伤:焊接接头为厂焊接头,2011 年该厂焊接头未进行全断面探伤。

(3)大型钢轨探伤车:2009 年 11 月 30 日,铁路局大型钢轨探伤车对该地段进行了探伤检查,未发现该处钢轨异常,当日进行数据回放,未发现异常波形。

5. 检查情况

2009 年 11 月 21 日,铁路局替铁道部轨道检查车按 120 km/h 的标准检查,断轨处所前后各 50 m 经分析轨道检查车无Ⅰ、Ⅱ级超限,如图 7-3 所示。

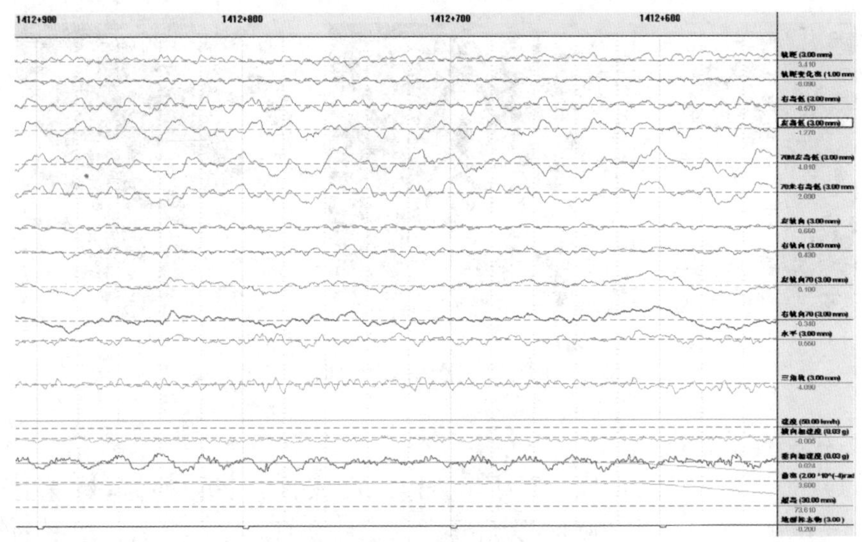

图 7-3　轨道检查车波形

三、原因分析

(1)断口距西头焊缝 160 mm 处,作用边内侧轨头有核伤,是引起这次断轨的主要原因。

(2)该轨头为钢轨探伤仪可探范围内,但 2019 年 11 月 24 日探伤工区探伤作业人员业务水平差,对该处进行钢轨探伤时,未能发现该处伤损,是造成该起断轨的重要原因。

四、警　　示

(1)加强探伤管理,落实探伤跟班干部督促检查,上道前必须检查确认探伤仪器灵敏度调试是否达到要求,并督促探伤工区严格执行"接头站、小腰慢、大腰匀速探、道岔引轨正反探"的规定,无法用钢轨探伤仪进行探伤的部位,结合手工检查,采用"眼看、手摸、锤敲、镜照"的方式记名检查综合判定。

(2)加强对线路薄弱处所、鱼鳞伤损严重地段、伤损集中处所的加密探伤。

(3)制定详细的探伤二级回放制度,明确回放逐级流程,责任到人,避免因回放发现漏检而无人盯控的漏洞。

[案例37]　使用故障探头

一、应急处置过程

2010年5月14日,工务段线路工区工长带班在××站上行线进行维修作业,维修天窗作业完毕后,工区在K2118+700前后处进行拉砟整理等工作,5:57完工后在返回工区途中,现场防护员林某某发现站内下行线6号道岔直尖轨第2、3孔之间轨面裂纹,裂纹距尖轨跟260 mm,裂纹贯通整个轨头截面(图7-4)。立即通知驻站联络员封锁该组道岔,并通知工务段调度人员及车间主任。工务段调度人员接到电话通知后立即启动应急预案,线路工区职工从K2118+280处调运新尖轨对折断处所进行了更换,6:52尖轨更换完毕后登记开通线路。

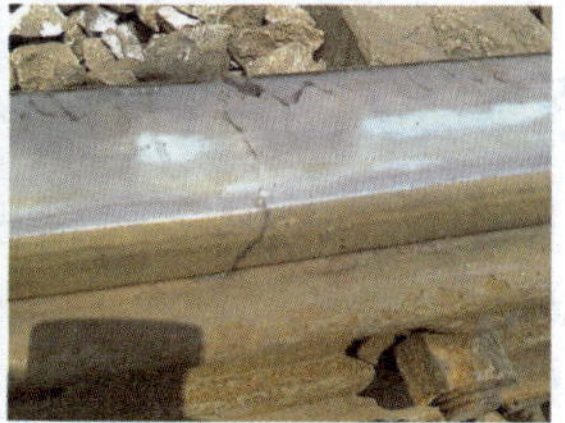

图7-4　线路钢轨情况

二、线路设备及探伤检查情况

1. 线路情况

断轨位于 6 号道岔直尖轨跟部，道岔为 60 kg/m 钢轨 12 号左开道岔，1998 年前后上道，未进行道岔焊接；尖轨为 AT 型尖轨，尖轨尖里程为 K2118+416，该折断尖轨上道时间为 2007 年，累计通过总质量 263.612 Mt。道岔位于直线地段，线路坡度 0.2‰下坡，如图 7-5～图 7-7 所示。

图 7-5　道岔全景

图 7-6　道岔限位器

图 7-7　直尖轨及尖轨跟部接头

2. 伤损情况

轨距最大 2 mm、最小－2 mm，水平最大 0 mm、最小－4 mm，三角坑最大 4 mm，尖轨跟吊板 4 mm，外侧肥边 2 mm，道床饱满，检查发现岔心中部缺少扣板一套，导曲线后直股地脚大螺栓失效三个，其他扣件扭力达标，作用良好。

断口处轨头下颚内侧存在一处长 79 mm×宽 10 mm 透锈，轨头下颚外侧存在一处长 20 mm×宽 6 mm 透锈，伤损断面如图 7-8 所示。

图 7-8 钢轨伤损断面

3.探伤情况

(1)小型钢轨探伤仪:2010 年 4 月 14 日,工务段探伤工区对该组道岔及前后线路进行了探伤检查,未发现该轨异常,如图 7-9 所示。

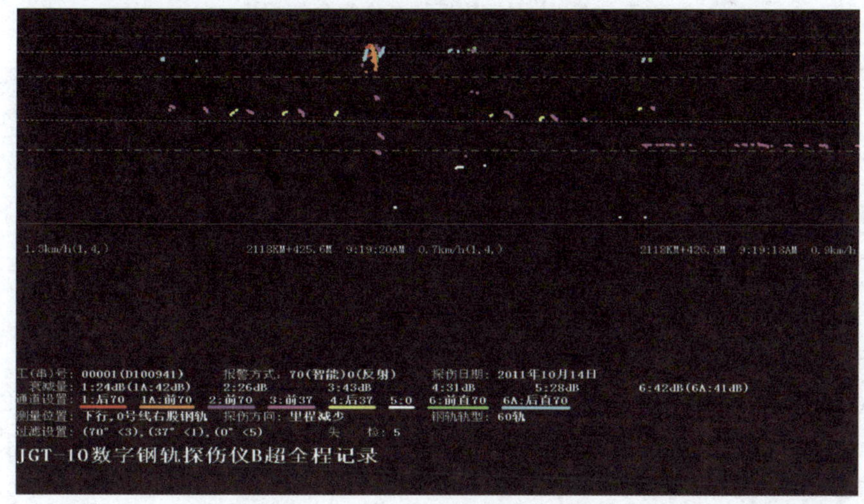

图 7-9 小型钢轨探伤车波形

(2)大型钢轨探伤车:2010 年 4 月 25 日,工务段探伤人员使用 TS-01 型大型钢轨探伤车对该地段进行了探伤检查,回放发现 K2118+368 处右股接头南轨颚水平裂纹,K2118+385 处接头南 1 孔往 2 孔上裂,均判定为必须复核重伤,需要在 3 日内复核。4 月 27 日探伤工区对两处伤损进行了复核,其中 K2118+368 处复核为轨颚锈蚀,现场里程 K2118+365,其实大型探伤车显示的 K2118+368 为尖轨折断处,工区在复核时敷衍了事,而按探伤车里程进行了复核,没有认真“点对点”进行查找,导致复核报告错误。探伤情况及伤损复核报告表见图 7-10和表 7-1。

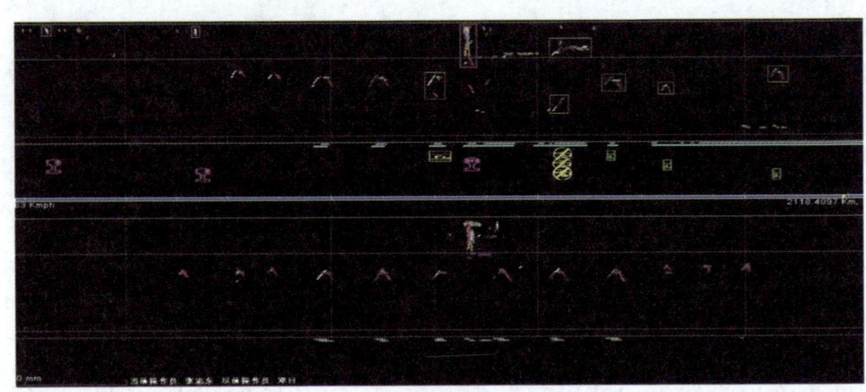

图 7-10　大型钢轨探伤车波形

表 7-1　大型钢轨探伤车伤损复核报告

探伤车作业报告										
ID	里程	股别	伤损描述	级别	伤损复核情况	复核里程	复核日期	复核人	复核工区	级别
1	K2118+368	右	接头南轨颚水平裂纹	△△△	轨颚锈蚀	K2118+365	10.17	廖某某		
2	K2118+385	左	接头南1孔往2孔上裂	△△△	14号已判重伤1孔往2孔上裂13 mm	K2118+400	10.14	吴某某		

注：里程误差为±25 m，"▲▲▲"为立即复核，"△△△"为必须复核，"△△"为日常重点检查，"△"为探伤车跟踪。

4. 检查情况

(1)轨道检查车：2010 年 4 月 26 日，铁路局平推轨道检查车按 120～160 km/h标准进行检测，该组道岔轨道检查车无Ⅱ级超限，如图 7-11 所示。

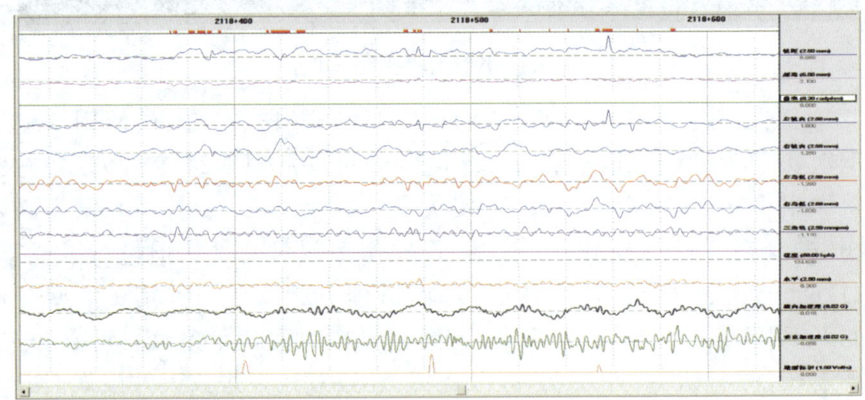

图 7-11　轨道检查车波形

(2)道岔巡检:2010 年 4 月 30 日,工区对道岔进行巡检,查当日巡检记录,巡检检查数据基本与现场相符,但记录本中 B 动吊板无现场检查及消灭记录,未形成闭环管理。

(3)手工检查:2010 年 4 月 26 日及 5 月 11 日,工区职工刘某某、梁某某分别对该组道岔及前后线路进行了手工检查,未发现尖轨异常。

三、原因分析

(1)该轨由尖轨跟至第 2 螺孔上方揭盖,揭盖长度 260 mm,断口处轨头下颚存在透锈,在列车重复荷载碾压下,接头承受过大冲击力,水平裂纹逐步发展至第 2 螺孔位置上方,垂直向上一次性脆裂,是发生断轨的主要原因,如图 7-12 所示。

图 7-12　螺孔处裂纹

(2)调取 2010 年 4 月 14 日钢轨探伤仪检查数据,对该处数据进行回放分析发现,当日作业 5 通道 0°探头存在故障,接头处无螺孔反射波,长距离无底波显示(28 dB),作业质量存在问题,探头存在故障仍然使用,是导致该水平裂纹漏检的主要原因。

(3)2010 年 4 月 25 日大型钢轨探伤车发现该处轨颚水平裂纹,要求工区对该处进行复核,探伤工区没有认真对探伤车检测结果进行复核,且复核里程出现偏差,是导致该水平裂纹发生漏检的重要原因。

四、警　示

(1)加强工区对仪器的日常保养和维修,杜绝探伤仪带病上道。车间、班组严格制定岗位责任制度,严格考核。

(2)探伤工区应结合手工检查,对状态较差的接头拆开夹板检查。

(3)对探伤仪数据进行全面回放,重点卡控作业质量,发现疑似伤损应立即通知工区,必要时立即进行复核。

(4)对大型钢轨探伤车数据进行重点复核,要求大型钢轨探伤车进行重点处所打点,工区根据打点情况确定里程进行复核,及时反馈复核结果。

[案例38]探伤人员臆探心理严重

一、应急处置过程

2011年1月4日4:02,工务段接到铁路局工务处调度人员通知:"××区间下行线22835G出现红光带。"立即通知线路车间派人前往检查处理。4:35现场抢修人员到达K2283+500处,开始按红光带检查要求进行检查。4:55经现场人员检查,发现××线下行K2284+250处左股离焊缝4.27 m处斜向折断(图7-13),轨缝拉开14 mm。立即组织人员采取加装臌包夹板方式进行临时加固,5:07臌包夹板安装完毕并申请限速15 km/h开通线路,5:56提速至25 km/h,6:13提速至45 km/h。后经申请天窗,22:03—次日0:05插入短轨永久处理。

图7-13　断轨截面

二、线路设备及探伤检查情况

1. 线路情况

断轨处位于 K2284＋250 处左股曲线上股(距离焊缝 4.27 m),包钢 P60-U71Mn 钢轨,2005 年 1 月生产,2005 年 4 月铺设上道;曲线半径 1 000 m,坡度为 0‰。无缝线路路堤地段,锁定轨温 34.2 ℃,断轨时现场轨温 9 ℃,钢轨爬行最大 3 mm。

断缝前后 100 m 轨道几何尺寸检查,轨距最大＋3 mm、最小－3 mm,水平 4 mm,三角坑 3 mm,曲线正矢最大最小值差 5 mm,连续差最大 4 mm;Ⅱ型弹条,道床饱满,扣件无失效,扭矩达标。

2. 伤损情况

轨面有鱼鳞伤损,伤损程度为轻伤有发展(△△),如图 7-14 所示。轨头内侧上方有一处宽 25 mm×高 20 mm 核伤(鱼鳞伤损引起的疲劳裂纹)。

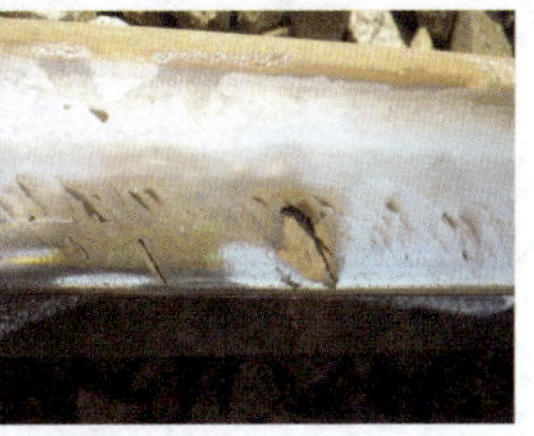

图 7-14　轨顶鱼鳞擦伤

3. 探伤情况

(1)2011 年 9 月 8 日,第 1 次探伤发现该处有伤损(连续鱼鳞伤损,△)。

(2)2011 年 12 月 14 日,探伤工区使用 GT-2 型钢轨探伤仪对该地段进行最近 1 次探伤,该根钢轨原伤损为轻伤有发展(轨头内侧连续鱼鳞伤损,△△),现场维持原判,如图 7-15 所示。

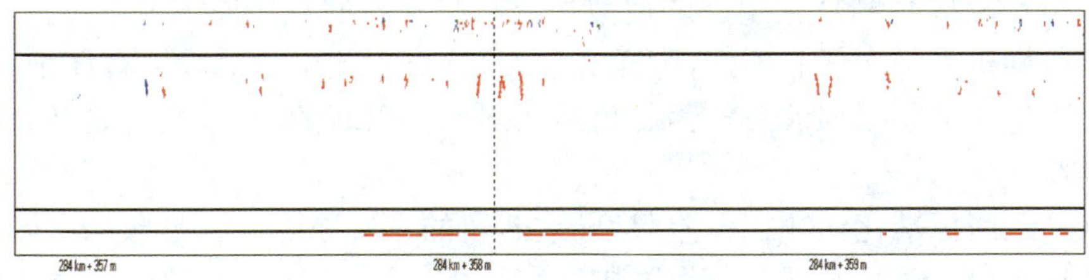

图 7-15　小型钢轨探伤仪波形

(3)2011 年 12 月 14 日,探伤工区回放分析时未发现异常;2011 年 12 月 21 日,检查监控车间进行数据回放分析时,维持轻伤有发展判断。

4. 动态检查情况

2011 年 12 月 27 日,铁路局轨道检查车按 120 km/h 标准检查断轨处所前后 100 m 线路,经分析无Ⅰ、Ⅱ级及以上超限处所,该公里扣分 0 分,如图 7-16 所示。

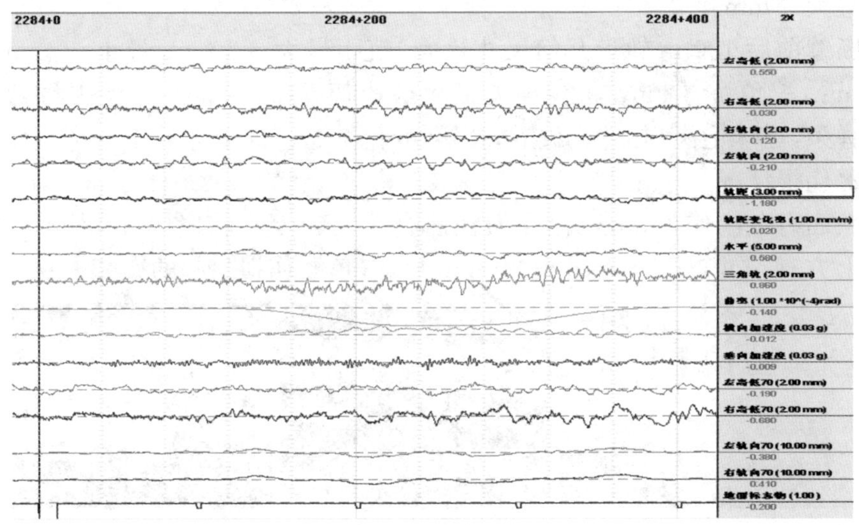

图 7-16　轨道检查车波形

三、原因分析

(1)钢轨断口距离焊缝 4.27 m,断口所在的整根钢轨轨面鱼鳞伤损严重,断口处轨面鱼鳞伤损长 20 mm×深 4 mm,轨头内侧上方有一宽 25 mm×高 20 mm核伤(鱼鳞伤损引起的疲劳裂纹),是断轨的直接原因。

(2)推机人员责任心不强,臆探心理严重,对一些出波地段没有仔细看波,对于 70°探头的伤损回波总认为是鱼鳞伤损回波引起的,导致漏检是断轨的主要原因。

(3)工区标准化作业执行差,是导致断轨的重要原因。一是探伤工区没有执行“接头(焊缝)站、小腰慢、大腰匀速探”的规定;二是现场带班人员监督不力,K2282+260～K2285+130 近 3 km 范围内未按要求进行里程修正,导致数据与现场不相符，不能正确地给回放人员提供准确的数据；三是钢轨鱼鳞伤损地段探伤没有按规定加大耦合水量慢走细看，轨面鱼鳞伤损严重而影响超声波射入时没有从轨头侧面进行校对。

(4)车间管理不到位，是导致断轨的另一重要原因。检查监控车间对现场作业管理不到位，使探伤工区标准化作业流于形式。车间管理人员跟班中对探伤工不修正里程、推机速度过快，不仔细看波等行为均未发现，对现场已经存在伤损的钢轨未要求探伤工认真推机、细看核查。

(5)回放工作不到位，是导致断轨的另一重要原因。一是探伤回放人员工作重点不清晰，在回放中没有把检查探伤工是否执行了标准化作业当作回放重点，只是简单地看看波形检查有没有漏检而已；二是探伤人员业务水平不高，没有认真核对波形，主观上认为是鱼鳞伤损回波，没有引起重视，也没有通知工区进行复核，在回放中没有起到“堵漏”的作用。

四、警　　示

(1)加强现场探伤管理和标准化作业检查，在推行小车探伤的同时，严格按规定在公里标校对里程，加强对轻伤轨的复核，对轨面有轧伤等伤损钢轨要利用通用仪器进行校对，对于70°探头回波位移量较大的做好标记。

(2)加强探伤回放管理，严肃考核制度。对于回放责任心不强、业务差的探伤回放人员一律进行更换。对探伤回放小组没有按要求进行全面的回放，对于可疑伤损和严重伤损没有及时通知工区的严肃考核。

[案例39]重复伤损检查漏检

一、应急处置过程

2014年2月21日8:25，工务段线路工区班长带人前往上行线××区间进行设备检查，8:45发现上行K1293＋880处左股钢轨裂纹(折断)，立即通知驻站联络员，8:46登记封锁××区间上行线，并将情况汇报工务段调度部门，段当班调度人员接到通知后立即通知线路车间主任组织人员赶往现场处理，并同时向段值班领导进行汇报，主管生产副段长当即赶往现场指挥处理。经现场紧急加固处理后，9:19登记K1293＋800～＋900首列限速5 km/h运行，第二列起限速 15 km/h。11:25—11:48,申请临时天窗插入短轨处理后,恢复常速开通线路。

二、线路设备及探伤检查情况

1. 线路情况

断轨处为圆曲线中部上股,断口距厂焊接头 110 mm,折断时拉开轨缝 10 mm。该段线路处于 6.6‰上坡道,曲线半径 685 m,曲线全长 606 m,超高 110 mm;无缝线路,锁定轨温 32 ℃,断轨轨温 4 ℃。钢轨为攀钢 P60-U75V 轨,2009 年 12 月生产,2010 年 5 月铺设上道,累计通过总质量 387 Mt;Ⅲ型混凝土枕,一级道砟。

抽查断轨点前后轨枕扣件密贴率东头为 74%、西头为 79%,无缺失零部件。检查断缝前后 100 m 线路几何尺寸,轨距最大+5 mm、最小−2 mm,水平最大 4 mm、最小−3 mm,线路高低平顺,方向圆顺(曲线正矢未超保养标准),无暗坑吊板、无翻浆。

2. 伤损情况

厂焊接头轨面存在低塌(接头处轨面光带扩大),钢轨侧面磨耗 2 mm、垂直磨耗 1 mm,肥边 2 mm。

钢轨行车边轨面圆角有连续鱼鳞伤损,深度在 5~7 mm 间,呈破裂形态(折断处轨面圆角鱼鳞破裂掉块 30 mm×15 mm×6 mm),由圆角鱼鳞破损往钢轨轨头发展形成高 37 mm×宽 57 mm 核伤(历经 7 环发展,即 7 个阶段),断口呈接近垂直折断形态,如图 7-17 所示。

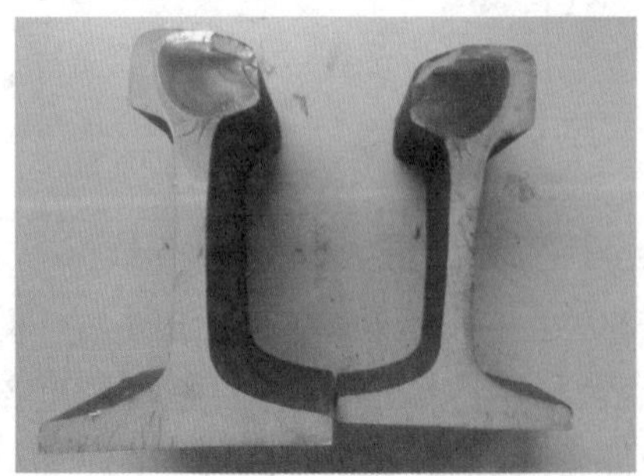

图 7-17　钢轨伤损断面

3. 探伤情况

(1)小型钢轨探伤仪:2014 年 1 月 29 日、1 月 6 日,探伤工区对该区段进行探伤,均未发现存在伤损及漏检伤损。

(2)数据回放分析:回放最近四次检测数据,2013 年 11 月 5 日、11 月 30 日探伤作业情况正常,伤损图形显示只有一点,表明伤损未开始发展(12 月 6 日大型钢轨探伤车检测无伤也验证了这一点),如图 7-18 所示。

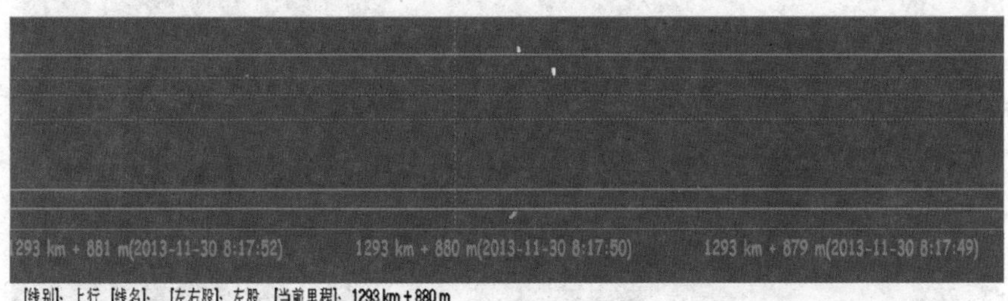

图 7-18　小型钢轨探伤仪 K1293＋880 波形

2014 年 1 月 6 日、1 月 29 日两次探伤作业伤损图形表明伤损均有较快较明显发展,斜打 70°探头均有较明显的二次出波,1 月 6 在该处有倒车和打点记录,1 月 29 日斜打 70°探头 1A 通道一次波位移 6 mm、二次波位移 15 mm,如图 7-19 所示。

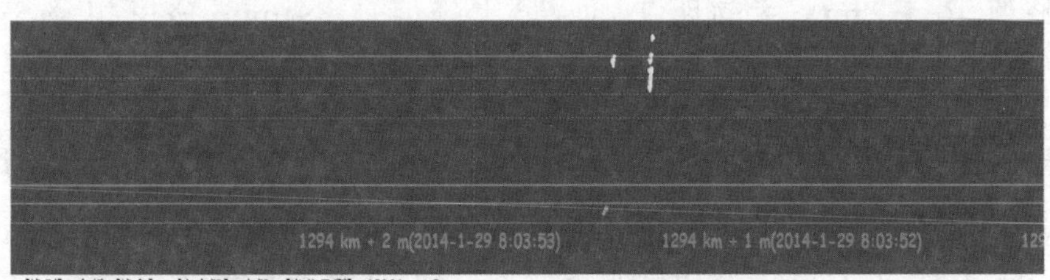

图 7-19　小型钢轨探伤仪 K1294＋002 波形

(3)大型钢轨探伤车:2013 年 12 月 6 日,铁路局大型探伤车探伤检查,当日检测报告显示前后无伤损,回放当日探伤数据该地段检测速度 45.97 km/h,前后无明显伤损图形显示,如图 7-20 所示。

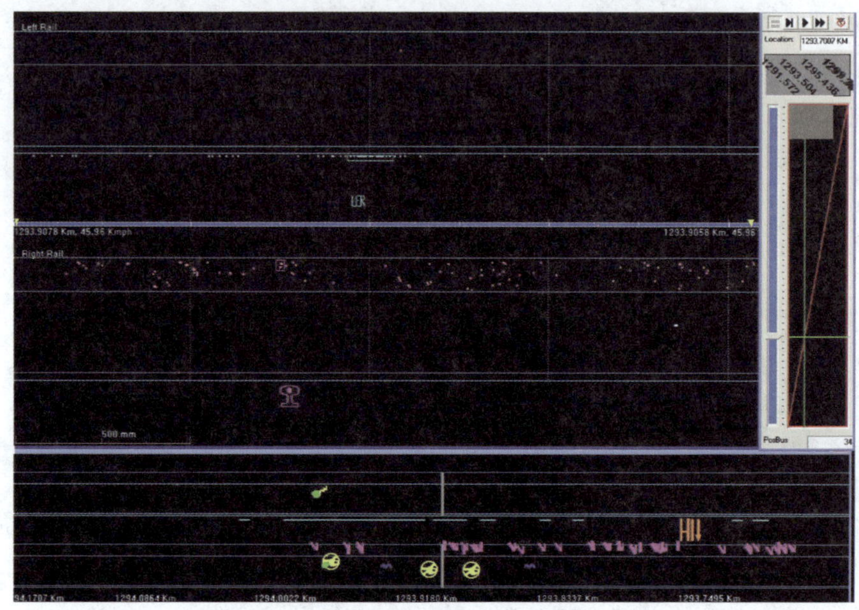

图 7-20　大型钢轨探伤车波形

4. 检查情况

2014 年 1 月 11 日，轨道检查车检查断轨处所前后 100 m 几何尺寸，Ⅱ级超限 1 处，为 K1293＋788 右高低 12. 26 mm；Ⅰ级超限 15 处，其中高低 5 处，最大峰值 10. 76 mm，大轨距 10 处，最大峰值 8. 39 mm；公里扣分 57 分，K1293＋800～K1294＋000 单元 TQI 值 15. 39 mm，如图 7-21 所示。

三、原因分析

(1)伤损漏检是造成钢轨折断的主要原因。一是工务段小型钢轨探伤仪 1 月 6 日、1 月 29 日两次探伤作业执仪不仔细，业务素质差，在焊缝处未执行“站停看波”，并仔细分辨波形，导致伤波误认为焊筋干扰波，造成伤损漏检；二是工务段回放分析组误认为斜打 70°探头出波为焊筋反射波，对该处伤损 1A 通道一、二次波出波明显(B 型图明显延长)的情况未作分析并采取多周期对比分析，未将该处波形纳入回放分析日报交工区复核，错过了发现伤损的第二道关，导致伤损漏检；三是两次伤损漏检导致轨面行车边圆角鱼鳞破裂伤损发展成宽 57 mm×高 37 mm 核伤，伤损存在使钢轨强度降低，在拉应力作用下导致钢轨折断。

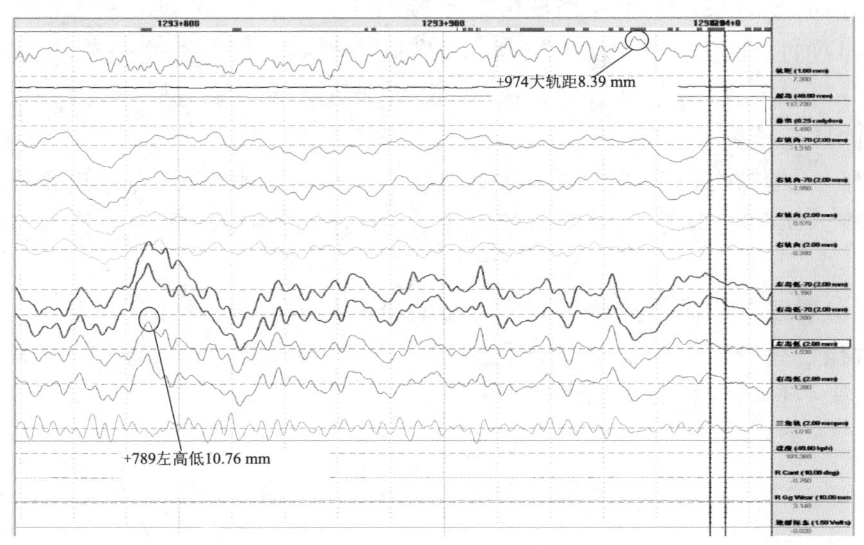

图 7-21 轨道检查车波形

(2)厂焊接头轨面低塌(焊头处轨面光带明显扩大),增加了车轮对接头处钢轨冲击力(相当于车轮在焊头处进行重复“落锤”式冲击),1 月份轨道检查车断轨处前后线路存在高低Ⅰ、Ⅱ级偏差,工区进行了垫片作业,扰动了无缝线路钢轨应力,加速了钢轨伤损的发展(与断后探伤回放伤损图发展形成验证)。

四、警　示

(1)加强回放分析及 70°探头出波危害性的认识,对直 70°探头无论在焊缝还是母材有较明显出波,对斜 70°探头同一部位一、二次波有较明显出波,均须列入疑似伤损在日报中要求复核。工务段要按照以上要求结合周期探伤对线上伤损组织进行一次分析排查,线路技术科探伤主管、车间干部要求加强对回放分析的异体监督,坚持执行每月 10 km 抽查回放分析制度。

(2)探伤车间干部要严格执行每月班组全覆盖跟班作业制度,加强对班组作业质量监督,掌握线路情况和伤损发展情况,及时发现班组倾向性问题,采取针对性有效警示,管理人员抽查回放及跟班作业情况纳入轨控分析报告。

(3)钢轨探伤仪探伤时须携带好钢丝刷、手锤、扳手等工具和通用探伤仪,严格执行手工检查作业标准，对线路上标注的重点部位和重点钢轨伤损应加强检查，必要时采用通用探伤仪进行复核确认。

(4)加强业务学习，提高技术水平，车间应组织做好每季度一考，工区应组织做好每月一练，规范练兵考试制度，提高全员业务水平，进一步做好重难点伤损的探伤攻关。

(5)现场探伤作业时必须关注钢轨状态及线路病害，探伤作业过程中应仔细察看钢轨和线路病害，对钢轨状态不良和线路病害处所作为探伤重点加强检查。

(6)对线上加固伤损要采取多种方法进行复核校对，对确认为重大伤损的(重大核伤超过轨头面积 1/3、螺孔裂纹、轨底裂纹伤损)须优先安排计划进行更换，未更换前安排人员加强巡视检查。

[案例 40]回放分析不细致

一、应急处置过程

2016 年 2 月 14 日 5:40，工务段调度人员接到铁路局工务部调度室通知："××下行线××站一接近出现红光带。"立即启动断轨应急预案，工务段调度值班员分别通知车间主任卢某某和线路工区工长于某某、线路车间值班干部任某某和线路工区敖某某及段值班领导。主管生产副段长接到信息后，赶往现场进行处理。敖某某带领 3 人携带应急备品从工区出发对故障区段由北向南进行检查，于某某等 4 人携带应急备品从工区出发由南向北进行检查，6:05 于某某检查发现下行线 K1512＋850 处曲线上股(左股)钢轨一次性折断(母材)，拉开轨缝 12 mm，工区人员马上从 K1513＋000 处取出夹板、保护器进行紧急加固，并复紧前后 50 m 线路扣件，6:23 登记申请××线下行 K1512＋800～＋900 限速 25 km/h 开通线路，并安排人员现场看守。8:45 申请临时天窗进行处理，对断轨处所插入 10.09 m 短轨并钻六孔上夹板处理，9:44 常速开通线路。

二、线路设备及探伤检查情况

1. 线路情况

断轨处为缓和曲线上股，曲线半径 1 700 m，曲线全长 844.34 m，缓和曲线长 130 m，超高 90 mm。断缝处为钢轨母材(距北端厂焊接头 2.26 m)，线路坡度 0.3‰(上坡)；跨区间无缝线路，锁定轨温 35 ℃，断轨时轨温 1 ℃，Ⅲ型混凝土枕，弹条扣件，花岗岩一级道砟。

钢轨为攀钢 P60-U75V 轨，2006 年 5 月生产，2008 年 4 月铺设上道，累计通过总质量 762.011 Mt(超额定大修周期 62.011 Mt)。

检查断轨前后 50 m 线路几何尺寸，轨距最大＋3 mm、最小－2 mm，水平最大＋6 mm、最小－2 mm，轨距变化率良好，三角坑最大 4 mm，无明显高低、方向，断轨处线路无吊板、无翻浆，零部件齐全；抽查断缝东端扣件密贴率为 84％，西端扣件密贴率为 92％。

2. 伤损情况

钢轨轨面有连续鱼鳞伤损，轨距圆角有剥离破损，断轨轨面存在鱼鳞轧伤宽 25 mm×深 9 mm，鱼鳞伤损下发展核伤宽 65 mm×高 48 mm，如图 7-22 所示。

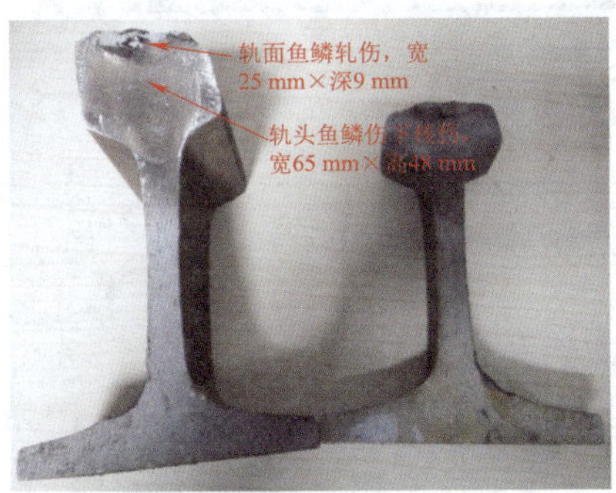

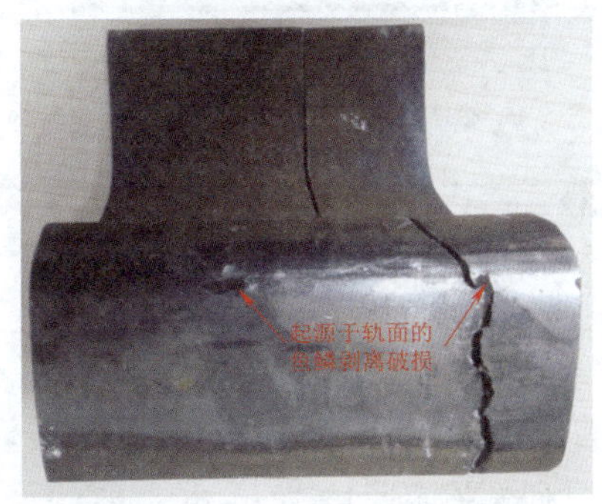

图 7-22　钢轨伤损断面

3. 线路养护情况

(1)动道作业：2016 年 2 月 6 日，下行线 K1512＋500～K1513＋500 手工螺栓凿锚 35 个、找小坑 39 头。

(2)维修作业：2015 年 10 月 23 日，工区对下行线 K1512＋746～K1513＋591 地段进行了维修，验收记录为扣分 14 分(扣件扭力扣分)。查工区 10 月维修验收单，当月完成 9 个地段共 2 685 m，验收记录均为“优”，扣分情况均为扣件扭力扣分，验收记录不真实。

4. 探伤情况

(1)小型钢轨探伤仪：2016 年 1 月 19 日，探伤工区使用 GT-2 型钢轨探伤仪对该区段进行了探伤，当日探伤检查未发现断轨处有异常情况。断后工务部对最近3个周期检测数据进行回放对比分析（上两个周期为2015年12月21日、11月22日），断轨处15 m钢轨（K1512＋850～＋865）仪器3、3A通道（内侧前后70°探头）波形均显示较为杂乱，显示该15 m钢轨轨面存在鱼鳞伤损、状态不良，探伤灵敏度比较大（比正常情况下偏大），距北端厂焊接头2.3 m处有一较明显疑似出波，三个月数据该处均标有一个“△”疑似伤损符号，如图7-23所示。

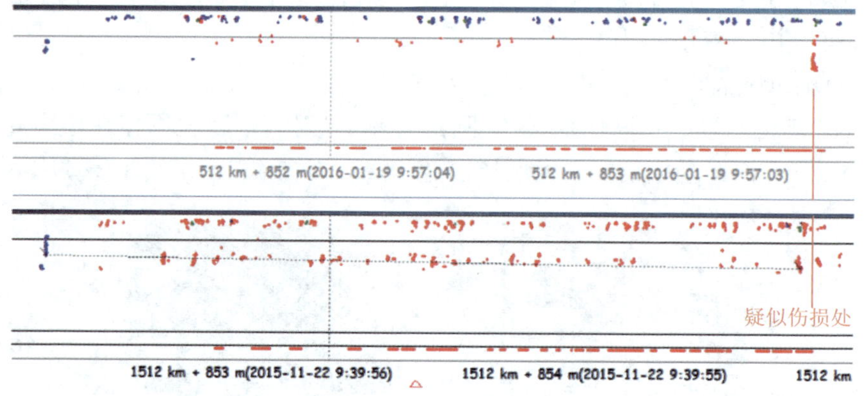

图7-23　小型钢轨探伤仪波形

查最近三个月鱼鳞伤损地段探伤作业速度，2016年1月K1512＋688～＋999区段平均速度为2.33 km/h，2015年12月K1512＋684～K1513＋013区段平均速度为1.79 km/h，2015年12月K1512＋672～＋999区段平均速度为1.96 km/h，三个月均未超3 km/h，有标记、倒车等记录，如图7-24所示。

512km +688m	事件：放过		2016-01-19 09:18:08				
512km +986m	事件：里程修改!		2016-01-19 09:24:36				
512 km +999 n	513 km +503 m	504 m	2016-01-19 09:24:45	2016-01-19 09:35:49	00:11:03	2.74 km/h	3 km/h

1512km +684r	事件：放过		2015-12-21 09:17:18				
1512 km +999	1513 km +504 m	505 m	2015-12-21 09:26:04	2015-12-21 09:37:46	00:11:42	2.59 km/h	3 km/h
1513km +13m	事件：<<倒车		2015-12-21 09:28:57				

1512km +672r	事件：放过		2015-11-22 09:00:31				
1512km +684r	事件：放过		2015-11-22 09:00:45				
1512 km +999	1513 km +503 m	504 m	2015-11-22 09:10:34	2015-11-22 09:21:30	00:10:55	2.77 km/h	3 km/h

图7-24　探伤作业速度

(2)数据回放分析：2016 年 1 月 20 日，工务段调度值班室回放员对该日探伤作业数据进行回放分析，认为该处灵敏度偏大，现场已标记了轻伤"△"符号，未将 K1512+853 处疑似伤损纳入日报要求两次复核。

(3)大型钢轨探伤车：2015 年 12 月 27 日，铁路局大型钢轨探伤车(检测速度60 km/h)对该区段进行探伤，应急处置过程该处检测速度为 56.28 km/h，该段钢轨显示连续鱼鳞伤损波较明显，如图 7-25 所示。

图 7-25　大型钢轨探伤车波形

5. 动态检测情况

2016 年 1 月 19 日，中国铁路总公司轨道检查车检测××下行线，K1512+850 前后 100 m 无Ⅱ级及以上超限处所，Ⅰ级超限为轨距变化率 1 处，K1512～K1513 公里扣分 2 分(分别为长波长高低扣 1 分，轨距变化率扣 1 分)，K1512+800～K1513+000 单元 TQI 值7.05 mm(全线 TQI 值 7.09 mm)。

对比最近一次检查与历史波形，该处缓和曲线在 2015 年 11 月5 日波形高低、方向不平顺，最大均为 6 mm(已消除)，轨距变化率 1.6(未消除)，如图 7-26 所示。

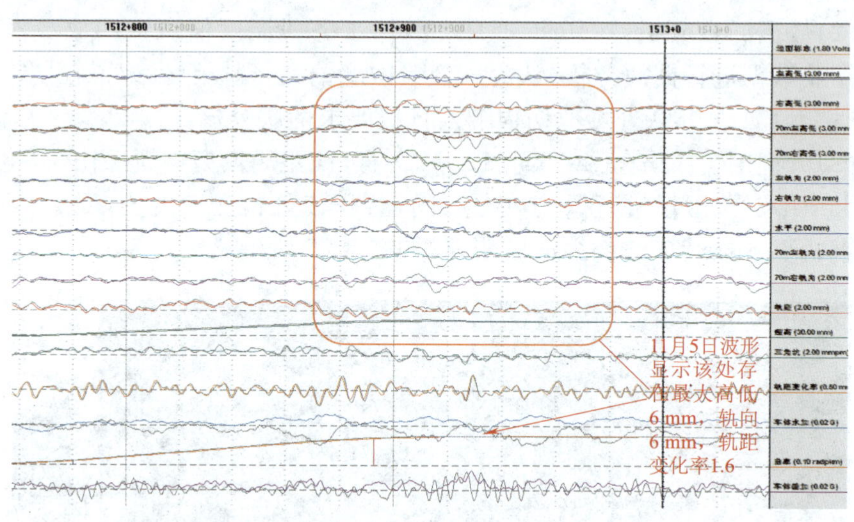

图 7-26　轨道检查车波形

三、原因分析

(1)探伤灵敏度偏高,仪器在轨面状态不良的鱼鳞伤损处所出波杂乱,现场探伤作业执仪人对鱼鳞伤损连续出波处所分析不细,仅使用 B 型显示进行探伤分析,未结合 A 型显示对明显出波位移处所使用通用探伤仪进行复核校对,确认伤损程度,点对点严格判伤,认为打了连续轻伤符号便不需核对。

(2)工务段探伤回放分析员对该 15 m 钢轨存在明显延长伤损波形未认真仔细分析、结合 A 型显示分辨伤损程度。

(3)从轨道检查车历史波形分析,该段线路缓和曲线小高低、小方向、轨距变化率不良,工区未及时整治,病害积累导致轨面鱼鳞伤损、轧伤加速发展。

四、警　　示

(1)对无缝线路地段需使用 A 型探伤,对伤损钢轨处所调用 A、B 型探伤进行核对。

(2)轨面鱼鳞伤损处所应降低探伤速度、慢走细看,对一、二次波同时出波及二次波出波位移明显延长处所列为伤损疑点仔细确认。

(3)探伤时同步携带通用探伤仪对伤损疑点进行复核、判伤,并对鱼鳞伤损处所点对点判伤、标记。

[案例 41]探伤作业标准低

一、应急处置过程

2017 年 12 月 26 日 6:15,工务段调度人员接到铁路局集团公司工务部调度室电话通知:“××线下行××区间红光带。”立即启动断轨应急预案,根据该区段信号机位置图,确定需检查的轨道电路区段,通知线路车间和线路工区安排人员对现场设备进行检查,要求工区安排联络员赶往车站进行驻站防护及故障登销记。6:17 线路工区工长刘某某接到通知后,立即安排 4 名作业人员携带夹板、扳手、螺栓等应急材料赶往××线下行 15229G 信号机前方 K1522＋800～K1524＋005 区段进行线路检查。6:18 线路车间主任潘某某接到红光带信息后,立即安排人员将锯轨机、钻孔机、发电机及单轨车装车,并赶往故障地段。7:00 工务检查人员检查至下行 K1522＋815 处发现右股钢轨一次性折断,拉开轨缝 14 mm(图 7-27),采取钻 4 孔上夹板加固,并对断轨处所前后100 m线路扣件“四紧”加力。7:33 登记××线下行 K1522＋750～＋850限速 25 km/h 开通。9:01 工务申请临时天窗插入 17.6 m 武钢 P60-U75V 钢轨进行焊接处理,10:55 申请恢复常速开通。

图 7-27　线路状况

二、线路设备及探伤检查情况

1. 线路情况

断轨为母材折断,位于圆曲线上股,曲线半径1 050 m,曲线全长 360.77 m,

超高 40 mm，缓和曲线长 140 m。钢轨为攀钢 P60-U75V，2010 年 7 月生产，2010 年 9 月铺设上道，无缝线路锁定轨温 35 ℃，通过总质量 527.09 Mt。道床为一级道砟，2016 年 7 月大型养路机械清筛，道床状态良好，轨枕为Ⅱ型混凝土枕(1 760 根/km)。

断轨距缓圆点 15 m，轨距最大+6 mm、最小 0 mm，轨距变化率无超限，水平最大+2 mm、最小−6 mm，三角坑最大 4 mm，钢轨侧面磨耗 3 mm，垂直磨耗 2 mm，无明显高低、吊板。扣件“四紧”东端 78%，西端 66%，扣板锈蚀。

2. 伤损情况

断轨处钢轨轨底角存在一处宽 8 mm×高 5 mm 核伤，距钢轨非作用边外侧轨底角边 45 mm(钢轨探伤仪非探测范围)，如图 7-28 所示。

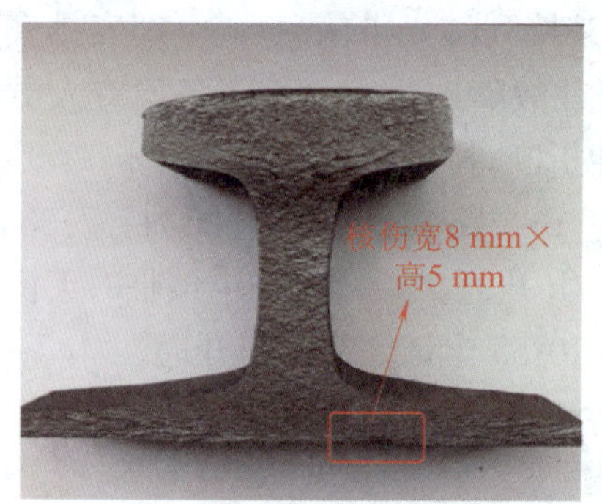

图 7-28　钢轨伤损断面

3. 线路养护情况

(1)2017 年 11 月 29 日，检查工区对××线下行 K1522+700～+900区段进行检查，主要检查问题为下行 K1522+700～+780 区段扣板锈蚀 82 块，K1522+832 处水平 8.5 mm，K1522+834 处右高低−7.2 mm，K1522+889 处水平 7.1 mm，K1522+852 处水平 6.2 mm，K1522+867 处水平 10 mm。

(2)2017 年 12 月 6 日，工区在 K1522+815 前后处理轨道检查小车水平 B 类问题。

4. 探伤情况

(1)小型钢轨探伤仪：工务段探伤车间母材探伤周期为 30 d 一遍。2017 年 11 月 26 日，探伤工区使用 GT-2+型数字钢轨探伤仪对××线下行 K1528+400～K1520+500 区段进行检测，当日检查未发现伤损，无伤损记录。

作业后工区回放员朱某某、调度值班室回放员龚某某对当日探伤作业数据回放分析，分析日报均无疑似伤损和作业问题。

(2)数据回放分析：对最近三个周期探伤数据进行回放分析(2017 年 9 月 27 日、10 月 28 日、11 月 26 日)，探伤灵敏度度及作业情况正常，断轨处未见疑似伤损波形，如图 7-29～图 7-31 所示。

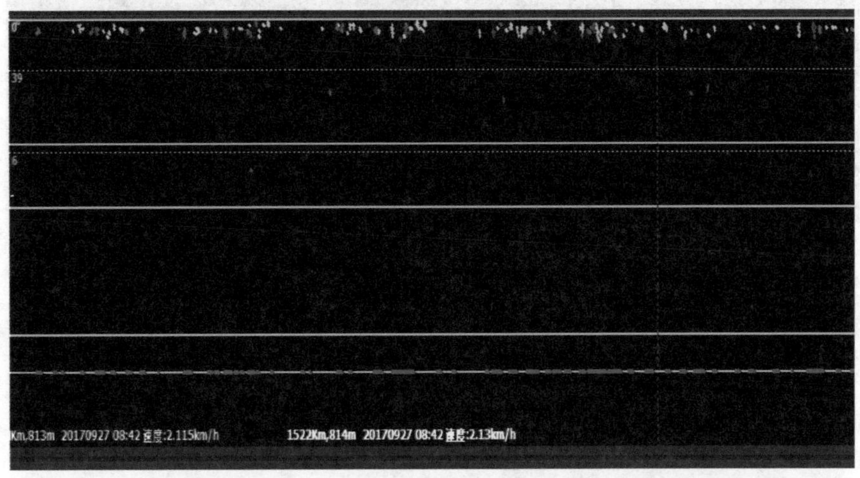

图 7-29　9 月 27 日小型钢轨探伤仪 K1522＋815 处波形

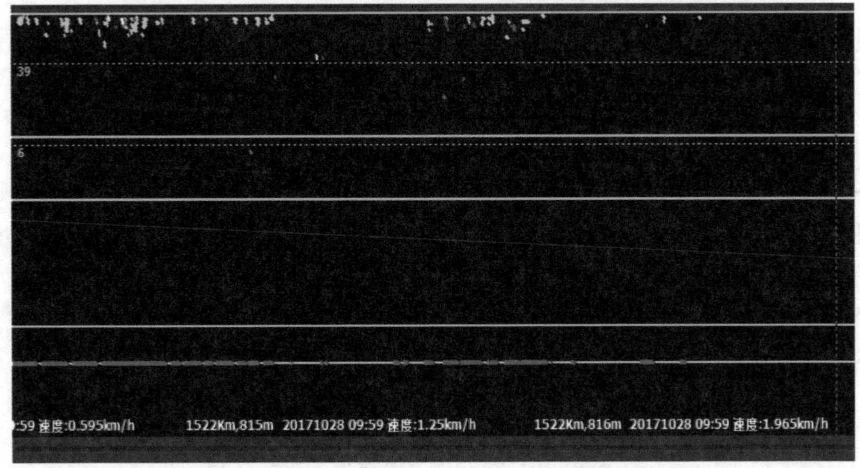

图 7-30　10 月 28 日小型钢轨探伤仪 K1522＋815 处波形

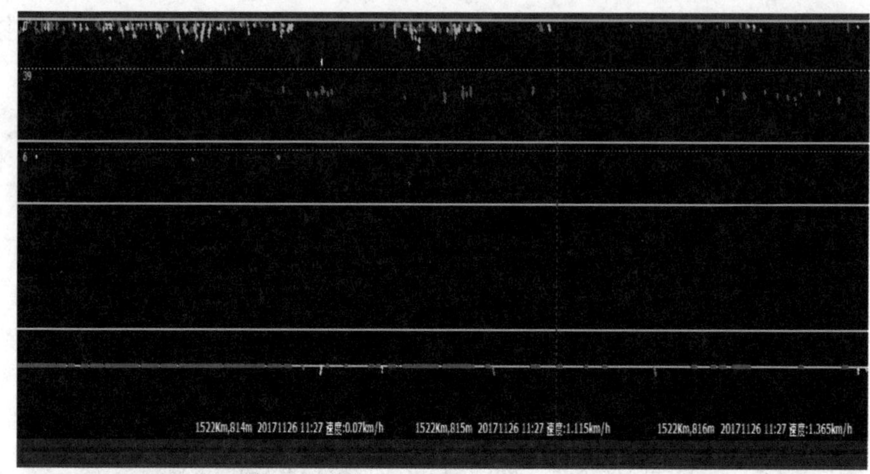

图 7-31　11 月 26 日小型钢轨探伤仪 K1522＋815 处波形

(3)大型钢轨探伤车:2017 年 12 月 11 日,铁路局集团公司大型钢轨探伤车检查发现××线下行 K1522＋810 处右股钢轨轨头外侧不良,Ⅱ级伤损周期复核,见表 7-2。

表 7-2　Ⅱ级伤损

序号	里程	股别	伤损位置	伤损类型	显示点数(大小)	现场监控情况	备　注
1	K1522＋810	右	轨头	外侧不良			距东头跳线孔 2.7 m 注意复核

5. 动态检测情况

(1)轨道检查车:2017 年 12 月 15 日,铁路局集团公司轨道检查车对该区段进行检查,轨道检查车里程与现场里程一致,断轨处所下行 K1522＋815 前后轨距最大＋6.2 mm,左右高低 7.2 mm,水平最大＋2 mm、最小－2 mm,三角坑4 mm,如图 7-32 所示。

(2)车载式线路检查仪:断轨前后 200 m 线路,2017 年 12 月 11 日车载式线路检查仪在下行 K1522＋637 处垂向加速度 0.06g,水平加速度 0.08g,Ⅰ级报警,车速为83 km/h。

(3)人工添乘:××线下行最近 2 次人工添乘分别为 2017 年 12 月 12 日段防洪办彭某某添乘和 2017 年 12 月 14 日段安全调度科舒某某添乘,均无该处所晃车及添乘仪报警情况。

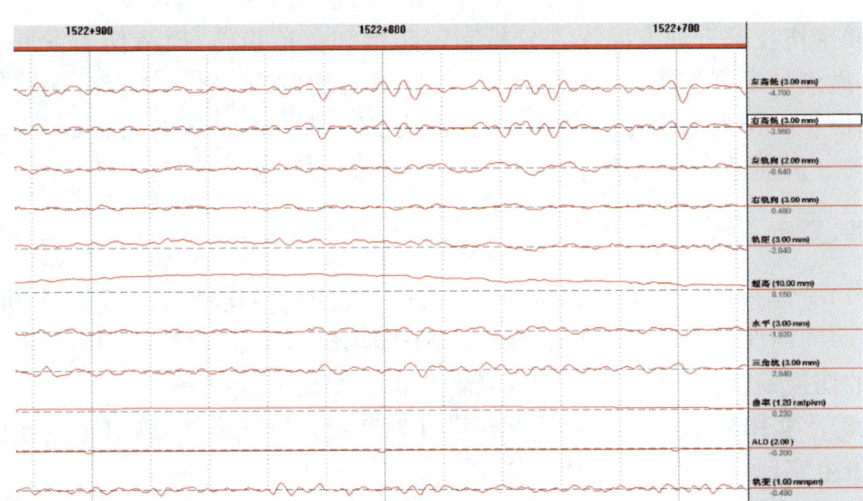

图 7-32　轨道检查车波形

三、原因分析

(1)断轨处位于曲线地段上股,轨底角存在一处核伤,降低了该处钢轨强度,在列车重复荷载作用下,钢轨抗剪切能力急剧下降,导致钢轨折断。

(2)探伤管理不到位。一是探伤车间基础管理不到位,探伤车间对重伤伤损复核疏于管理;二是探伤作业标准低,对疑似伤波未及时校核造成漏检;三是探伤工区作业人员整体业务水平较低,素质有待加强,该起漏检体现了作业层个别人员责任心差,对钢轨轨面连续鱼鳞伤损检查不到位,未能对伤损及时校对,业务培训敷衍了事,岗位练兵流于形式;四是探伤回放不到位,工务段回放组对重点、疑似伤损未认真分析和对比,回放发现问题较少,把关不严。

(3)源头控制工作落实不到位。一是线路设备养修不良,断轨反映出线路车间设备检查不细,分析不到位,现场存在连续扣件失效、密贴率不达标问题,日常养修跟进不及时;二是钢轨伤损发展,尤其是波磨、鱼鳞伤损发展的控制措施落实不到位。

(4)专业技术管理不到位。一是无缝线路技术管理不到位,工务段无缝线路基础管理薄弱,位移观测制度没有落实,造成部分区段锁定轨温不准确,易使局部钢轨应力集中引起疲劳伤损;二是钢轨伤损分析不到位,段线路技术科没有针对近几年钢轨鱼鳞伤损、波磨集中出现情况进行认真分析,从现场设备养护和探伤技术管理方面深入分析制定防范和整治措施，摸清伤损发展趋势规律，做到早发现伤损，防止断轨；三是技术管理的自主意识淡薄，线路技术科、探伤车间作为探伤专业管理部门，没有从专业技术管理的角度抓工作，没有主动分析现场作业标准、回放、伤损复核等关键环节的卡控措施。

四、警　　示

(1)应常态化开展钢轨弯断试验，针对性地对疑似伤损进行弯断、分析。

(2)周期性开展岗位练兵。探伤车间练功比武场要陈列多根、不同类型或部位的伤损钢轨，不断提高探伤人员业务水平和伤损检出率。

(3)落实跟班制度。结合月度探伤计划制定检查跟班计划，对重点地段和重点班组实现全过程跟班指导、监控。

(4)制定重点地段探伤加强措施。编制月度重点探伤地段，将重点地段探伤计划上报线路技术科，对小半径曲线、桥隧、超期服役钢轨或伤损钢轨、道岔尖轨或可动心轨等重点处所，必要时采用通用仪校核，并适当缩短探伤周期。

(5)加强鱼鳞伤损地段探伤。组织探伤工区对鱼鳞伤损严重地段进行复探，对于有伤损地段且线路设备存在缺陷地段，用通用仪进行校核；对成段鱼鳞伤损严重地段进行加密探伤，合理排定加密周期。

(6)抓好回放分析工作。工务段加强对探伤回放人员的管理，回放人员除重点对伤损漏检、误判把关外，应重点对现场作业标准监控分析，对未按标准作业(探头耦合不良、失波、通道失检、股道压车未探等情况)影响探伤质量的区段应下发重探、复探通知。若回放人员出现漏分析、错分析，严厉追究责任。

(7)规范伤损钢轨管理，建立健全伤损设备台账。做好重伤钢轨管理的同时，要对轻伤及轻伤有发展钢轨每月进行登记、更新和跟踪，并发至线路车间、工区，提醒线路车间重点监控和加强养护，实现共同防断的目的。

[案例 42]伤波鉴别不当

一、应急处置过程

2018 年 2 月 15 日 22:38，线路工区巡道工王某某、毛某某巡查发现××站 28 号道岔左直尖轨距尖轨跟端 0.86 m 处垂直折断，拉开轨缝 6 mm，立即向车间主任、工区工长汇报。车间主任接通知后立即赶赴现场，并通知车站封锁28号道岔，同时安排驻站联络员登记，并于22:48向段调度部门汇报。工务段调度人员接到通知后立即向调度所申请封锁××站28号道岔，同时启动设备故障应急处置预案，将现场情况向值班领导汇报。2月16日4:50轨道车将备用尖轨送达到位，5:50将28号道岔左直尖轨更换下道，电务调试完毕后，申请开通线路。

二、线路设备及探伤检查情况

1. 线路情况

断轨处位于28号道岔左直尖轨第三位顶铁与尖轨跟端间，距第三位顶铁60 mm。断轨处为左开12号单开木枕道岔，尖轨全长7.70 m，钢轨为攀钢P50轨（生产年月、上道时间不详）。

道床为一、二级混合道砟，整组道岔道床饱满，无翻浆，现场失效轨枕2根（尖轨尖1根、导曲线后端1根）。尖轨折断处外侧轨撑滑床板缺少地脚螺栓1套，其他零部件齐全、有效。线路状况如图7-33所示。

图7-33　线路状况

现场检查28号道岔几何尺寸，直股轨距最大+3 mm、最小−2 mm，递减率良好；水平最大+4 mm、最小+1 mm，无超作业标准三角坑病害。曲股轨距最大+1 mm、最小0 mm，水平最大+3 mm、−3 mm，三角坑6 mm，均符合规范规定。

2. 伤损情况

断面位于距尖轨跟端0.86 m处，呈垂直折断形态，清洗后断面轨底三角区存在一处 94 mm×29 mm 半月牙形核伤，如图 7-34 所示。断轨处位于尖轨跟部第 3 根枕木滑床板边缘，道岔滑床板及枕木状态良好，断缝前后无明显暗坑、吊板病害；同时该直尖轨第一、二、三位顶铁受力均匀，齐全、有效。

图 7-34　钢轨伤损断面

3. 线路养护情况

(1)线路检查：2018 年 1 月 31 日，线路检查工区检查 28 号道岔发现尖轨跟端右接头螺栓松动 1 颗，导曲前直股高低 7 mm、水平 7 mm，导曲中轨距杆松动 1 根。

(2)线路作业：2017 年 4 月，线路车间组织维修工区、线路工区完成站内 28 号道岔综合维修作业，主要整治项目为更换失效轨枕、道岔综合抬道及补充失效零部件，经验收质量达到作业验收标准。

2018 年 2 月 2 日，线路工区在 28 号道岔尖轨跟部捣固作业，作业后质量回检合格。

(3)巡道检查：2018 年 2 月 15 日，线路工区巡道工按照巡回图巡查线路道岔设备，于 22:38 检查发现××站 28 号道岔左直尖轨垂直折断。

4. 探伤情况

(1)小型钢轨探伤仪：2018 年 2 月 7 日，探伤工区使用 JGT-2＋型钢轨探伤仪对××站 1、3、4、5 道进行探伤，当日探伤仪器耦合良好，灵敏度正常，探测该尖轨时各通道波形饱满，推机人未发现异常伤损。

(2)数据回放分析：2018 年 2 月 8 日，对该区段钢轨探伤数据进行了回放分析，仪器耦合良好，灵敏度正常，回放过程中未发现疑似伤损病害，如图 7-35 所示。

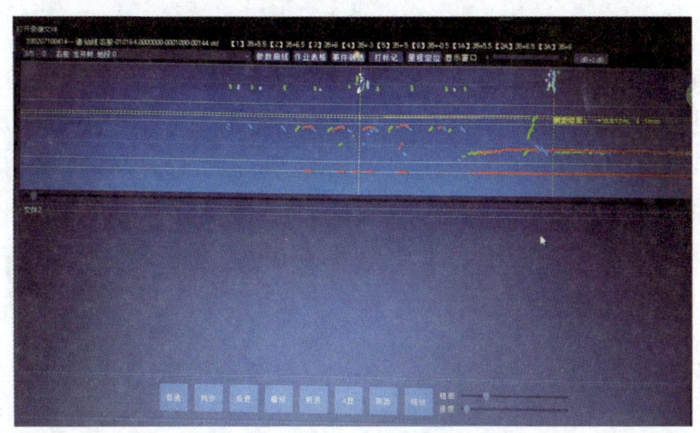

图 7-35　回放波形

三、原因分析

(1)尖轨轨底三角区存在一处半月牙形核伤,降低了钢轨强度,在轮轨作用力下导致尖轨折断。

(2)探伤标准化执行不力,2018 年 2 月 7 日现场探伤执仪人在岔区范围内探伤时注意力不集中,偏重于螺孔伤损检查,忽略了轨底伤损报警,同时执机过程中未认真观察波形显示,导致尖轨轨底部位伤波报警未发现,造成漏检。

(3)探伤回放制度落实不到位,段调度值班室回放员回放不细,回放过程中出现明显疑似伤波,鉴别能力差,对该位置轨底伤损出波未进行多周期对比分析,造成伤损遗漏。

四、警　　示

(1)强化重点地段、薄弱处所探伤。对超临大修周期、小半径曲线上股、桥隧过渡段、隧道内滴水处所等重点地段探伤检查时,要反复校对,必要时使用通用仪器进行校核,同时应加密探伤检查频次,防止周期内断轨。

(2)强化伤损分析。对管内钢轨伤损情况分线、分段进行分析,详细分析钢轨、道岔等伤损变化趋势,绘制伤损变化趋势图,建立重点地段(超临大修周期、鱼鳞伤损密集、桥隧过渡段、小轨道电路、站场木枕道岔等)设备台账,按周期对重点地段进行加强、加密探伤检查。

(3)加强回放管理。一是工务段回放组每月必须严格按照铁路局集团公司管理办法对各探伤工区数据进行24 h回放，做好资料保存；二是严格落实探伤数据回放分析制度，发现尖轨、心轨及道岔部位疑似伤损应立即安排现场复核确认，现场复核无伤但回放较为明显的进行二次复核并查明原因，对于轨底疑似伤损做好现场复核，建立轨底疑似伤损图库，各探伤工区必须按周期对该处进行伤损复核；三是工务段回放组每月必须参加车间弯轨培训工作，以提高业务技能水平；四是回放组每人每月必须下现场复核伤损不少于5处，重点对下发Ⅱ级以上伤损进行复核。

案例启示

【启示一】造成钢轨探伤人员漏检及错判因素主要有：探伤标准化低，执行不力，回放制度不落实，伤波鉴别能力差；探头存在故障仍然使用、视安全为儿戏；现场探伤人员及回放分析员，对鱼鳞伤损连续出波处所分析不细，轻易放过；作业中简化程序，业务水平差，两次伤损错判、漏检等。

【启示二】加强探伤人员责任心、业务水平培训：工务段职教科、车间、班组应定期对探伤人员进行培训，主要是针对安全意识、责任心、规章制度执行、业务素质的培训，通过常态化培训，在探伤人员心中牢牢树立：每次探伤、每个出波均不是儿戏，它是千万旅客的安全，是工务部门的责任。只有每个探伤人员安全意识提高了，漏检、错判才会得到很大的改善。

【启示三】加强探伤制度落实、监督与考核：一是严格落实探伤检查周期、检查流程，同时对线路薄弱处所、鱼鳞伤损严重地段、伤损集中处所加密探伤。二是落实探伤跟班干部督促检查，每日上道前必须检查确认探伤仪器灵敏度调试是否达到要求，并督促要求探伤工区严格执行“接头站、小腰慢、大腰匀速探、道岔引轨正反探”的规定，无法用探伤仪进行探伤的部位，结合手工检查，采用“眼看、手摸、锤敲、镜照”的方式记名检查综合判定。三是落实考核制度，对于作业认真仔细的奖励，对于责任性差、业务素质差的人员加重考核。

【启示四】加强探伤岗位练兵和技能竞赛：要想真正提高探伤人员的业务技能水平，只有大力提倡岗位练兵和技能竞赛，可以结合铁路局集团公司、工务段的技能竞赛，以车间、班组为基础定期进行。通过业务学习和岗位练兵，不断提高业务技能，防止因业务水平不足出现技术上的漏检、错判。

第八章　钢轨超大修周期及疲劳伤损引发钢轨折断

[案例43]钢轨超大修周期

一、应急处置过程

2018年12月7日15:00，××站值班员发现3道出现红光带，立即向列车调度员报告，通知工务、电务部门处理。16:01工区人员检查发现站内3道K1009+146处右股钢轨垂直折断，拉开轨缝2 mm。立即组织钻4孔上平直夹板加固抢修，16:30抢修完毕，申请限速25 km/h开通线路。19:30—20:30，工务通过临时要点插入8.44 m短轨1根，20:48列车调度员发布恢复常速命令。

二、线路设备及探伤检查情况

1.线路情况

断轨处所K1009+146位于××线××站3道南端无缝线路缓冲区，断缝距离缓冲区第二根钢轨(25 m标准轨)北端接头2.56 m，直线地段，Ⅱ型混凝土枕，道床为花岗岩和石灰石混碴。钢轨锁定轨温为29 ℃，现场断轨轨温为1 ℃。

K1009+146右股断缝处扣件“四紧”密贴率，南端94%，北端98%；断缝北端接头轨缝6 mm，南端轨缝10 mm。

断缝前后50 m范围内，轨距最大0 mm、最小−3 mm，轨距变化率未超限，水平最大4 mm、最小−3 mm，三角坑7 mm。道床无翻浆、吊板，零部件齐全有效。

2.伤损情况

钢轨类型为奥地利60 kg/m钢轨，1994年8月生产，2017年5月7日上道使用再用轨，累计通过总质量863.946 Mt。现场测量断轨处所钢轨垂直磨耗 2 mm。右股钢轨母材垂直折断，断缝距北端接头 2.56 m；断面为新痕、呈 85°倾角（接近垂直）。检查钢轨断面底部钢轨探伤仪盲区（钢轨外侧轨底角）有长 30 mm×宽 11 mm×深 12 mm 锈蚀坑，如图 8-1 所示。

图 8-1　钢轨伤损断面

3. 线路养护情况

（1）线路检查：2018 年 11 月 22 日，检查工区推行轨检小车检查××站内 3 道 K1008＋300～K1009＋200 区段，断缝处 K1009＋146 前后线路无Ⅱ级及以上几何尺寸病害及结构性病害。2018 年 12 月 5 日，工长带领两名劳务工对××站 3 道的设备进行了手工检查，钢轨等设备无异常。

（2）设备巡查：2018 年 12 月 7 日，线路工区巡道工 2:10 由工区出发巡查南头线路 K1008＋600～K1014＋600，5:40 到达工区管界 K1014＋600 处，与工区巡道工对牌后返回巡查，9:30 到达工区 K1008＋600 处，其间两次巡查 K1009＋146 处，未发现异常情况。查工务段安全生产调度指挥中心巡道工 GPS，早班巡道工作业轨迹均正常。

（3）动道作业：近三个月线路工区未在站内 3 道进行动道作业。

4. 探伤情况

（1）小型钢轨探伤仪：2018 年 11 月 28 日，探伤工区使用 GT-2＋型钢轨探伤仪对××线 K1008＋800～K1010＋465 左右股及××站进行探伤，探伤仪器灵敏度正常，通过断轨处所探伤即时速度 1.065 km/h，由于伤损位于轨角部位探伤盲区，探伤时未发现异常。工务段探伤工区作业完毕后，将作业数据发送至探伤数据回放分析组进行回放分析，分析组 11 月 28 日 21:00—23:00 对该区段数据进行回放分析，该股道探伤灵敏度及曲线补偿值等正常，未发现明显伤损回波显示。

(2)大型钢轨探伤车:2018 年 11 月 12 日,铁路局集团公司大型钢轨探伤车检查××区段,正线检测通过,未检查××站 3 道。

5. 动态检测情况

2018 年 11 月 19 日,轨道检查车检测正线通过,未检查该股道。

三、原因分析

钢轨为超期服役再用轨,累计通过总质量已超大修周期,钢轨母材轨底板(探伤盲区)存在锈蚀坑,在列车动荷载冲击力反复作用下,应力集中在锈蚀坑部位逐步形成 36 mm 横向裂纹(伤损源),在列车重复荷载作用和低温环境钢轨拉应力作用下,造成钢轨一次性垂直折断。

四、警　　示

(1)做好超大修周期钢轨伤损排查。对线上奥地利再用轨地段进行一次伤损排查,重点针对轨底锈蚀结合全断面探伤及手工外观检查加强伤损判别工作,并对钢轨接头、夹板及线路薄弱处所轨件进行一次全面的外观检查;异型钢轨接头纳入重点部位进行加强探伤和检查。

(2)抓好防寒过冬措施落实。工务段严格落实防寒过冬各项措施,落实好极寒天气时低温出巡制度,及时巡查线路,对重点地段应安排看守,发现隐患及时处理。

[案例 44]轨底疲劳伤损

一、应急处置过程

2012 年 5 月 1 日 4:35,工务段调度人员接到铁路局工务处调度室电话通知:“××下行线××站第二离去红光带。”立即通知线路车间主任及线路工区工长,并向相关领导汇报。4:48 线路工区工长带领职工从 K1916+310 由南往北检查(工区留守人员 2 人准备工具材料随后跟上),5:14 检查发现××线下行 K1915+760 处左股钢轨一次性垂直折断,拉开轨缝 5 mm,现场工务人员迅速对断轨处所进行处理,5:23 加固处理完毕,如图 8-2 所示。5:26 登记 K1915+710～+810 第一列限速 25 km/h 放行列车,以后恢复常速。

图 8-2　现场加固

二、线路设备及探伤检查情况

1. 线路情况

断缝位于 K1915＋760 处左股(曲线下股)，曲线半径 800 m，曲线全长 1 102.41 m，超高 140 mm，缓和曲线长 150 m；断缝位于缓和曲线，距缓圆点 19.8 m 处，超高 123 m；坡度为 5.4‰。

钢轨为攀钢 P60-U75V，2004 年 5 月生产，2004 年 8 月铺设上道。无缝线路，锁定轨温 30 ℃，断轨轨温 21 ℃。

钢轨垂直磨耗 8 mm；无暗坑吊板、无超垫、无翻浆、无错牙；南北端扣件密贴率分别为 92％和 94％，现场几何尺寸均在保养范围内，如图 8-3 所示。

图 8-3　线路状况

2. 伤损情况

断缝距厂焊接头南端 69 mm，拉开轨缝 5 mm；断缝处在轨枕上，距轨枕北侧边缘 30 mm。断口内侧轨底角(距轨底角边缘 15 mm)有一处宽 25 mm×高 10 mm 半圆形疲劳伤损，如图 8-4 所示。

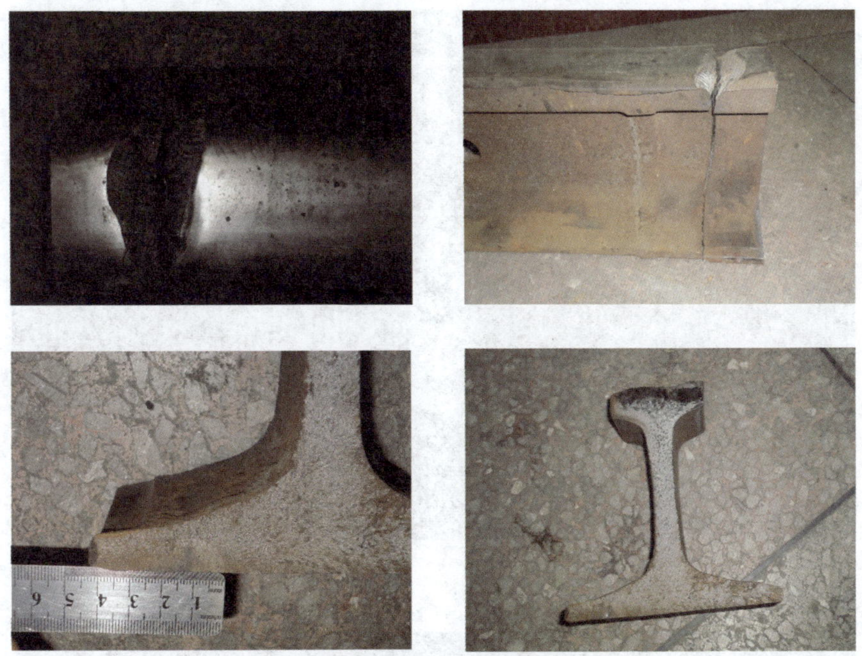

图 8-4　钢轨伤损断面

3. 探伤情况

(1)小型钢轨探伤仪：2012 年 4 月 12 日，探伤工区一班班长使用 GT-2 型钢轨探伤仪对该地段进行探伤，未发现异常。当日段回放分析组回放分析未发现异常。

(2)大型钢轨探伤车：2012 年 4 月 21 日，铁路局大型钢轨探伤车检查经过该区段，在 K1915＋560 处左股发现 0.5 m 连续鱼鳞伤损，其他地段未发现异常。K1915＋810 处左股波形显示钻 3 孔加固，探伤车反射清晰，如图 8-5 所示；K1915＋750 处左股波形显示左股没有伤损反射，检测速度 51.6 km/h，如图 8-6 所示。探伤车经过该区段时，检测速度正常、系统状态良好，前后 50 m 没有伤损反射；在 K1915＋560 处报鱼鳞伤损，工务段有监控。

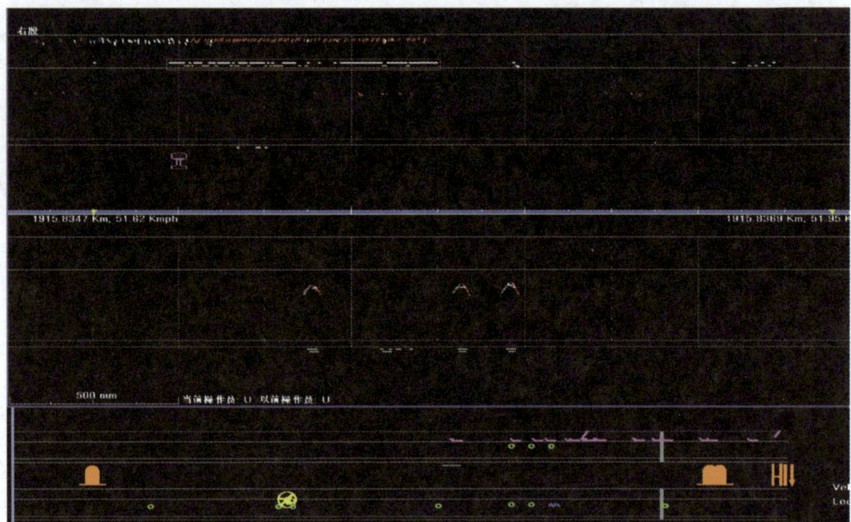

图 8-5　大型钢轨探伤车 K1915＋810 处波形

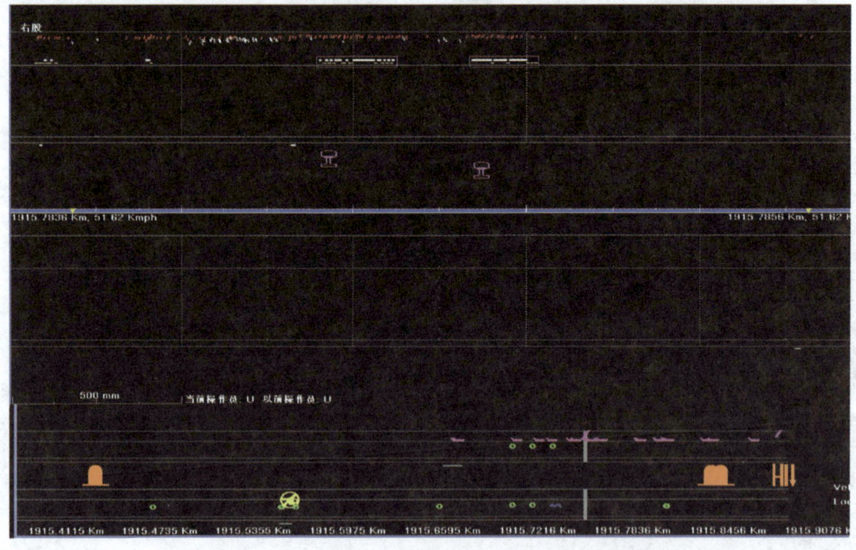

图 8-6　大型钢轨探伤车 K1915＋750 处波形

三、原因分析

(1)内侧轨底角宽 25 mm×高 10 mm 疲劳伤损，形成应力集中点，在列车重复荷载力作用下,造成钢轨一次性折断。

(2)因该伤损处于轨底角探伤盲区,探伤仪器检查未能发现。

四、警　　示

(1)加强缓和曲线垂直磨耗钢轨的保养与检查工作,确保线路质量良好,防止线路质量不良,导致钢轨出现病害。

(2)探伤班组加强轨底角探伤盲区的技术攻关与通用仪器的检查,防止出现漏检现象。

[案例 45]再用轨疲劳伤损

一、应急处置过程

2019 年 1 月 9 日 16:36,工务段调度人员接到车站驻站联络员汇报:"××线 3JG 红光带。"立即启动应急预案,通知线路车间主任、线路工区工长,依次向段值班领导、安全副段长、段长和党委书记汇报,并通知相关科室科长。线路车间主任立即组织 3 人携带应急处置工机具赶到现场检查。17:16现场检查发现××线 K1615+160 处右股(曲线下股)钢轨铝热焊接头一次性垂直折断,拉开轨缝 10 mm。17:58 加固处理后限速 25 km/h 开通线路。19:35—21:35,临时要点插入 9.13 m 短轨并焊复处理后,线路恢复常速。

二、线路设备及探伤检查情况

1. 线路情况

断轨处所位于 K1615+160 运行方向左股(缓和曲线下股,距圆缓点 10 m 处),曲线半径为 800 m,曲线全长 291.23 m,超高 35 mm,缓和曲线长 120 m,0.4‰下坡段。

钢轨为攀钢 P60-PD_3 轨,2003 年 10 月生产,2016 年 11 月再用上道,断轨处钢轨测算通过总质量 121.79 Mt(含××线下道前通过总质量)。跨区间无缝线路,锁定轨温 29 ℃,断轨时轨温 4 ℃;Ⅱ型混凝土枕(1 760 根/km),弹条扣件,花岗岩一级道砟。

检查断轨处前后 100 m 线路几何尺寸,轨距最大+5 mm、最小+3 mm,水平最大+5 mm、最小 0 mm,零部件齐全有效;抽查断轨处前后扣件密贴率,断缝南端密贴率94%,断缝北端密贴率96%。

2. 伤损情况

断轨处钢轨内侧肥边2 mm,钢轨外侧距轨底边30 mm处锈蚀6 mm,外侧轨腰锈蚀6 mm,外侧轨底边锈蚀4 mm,钢轨垂直磨耗达6 mm。断缝轨面距离铝热焊焊缝25 mm,轨底距离铝热焊焊缝10 mm,断面无伤损,系一次性折断,如图8-7所示。

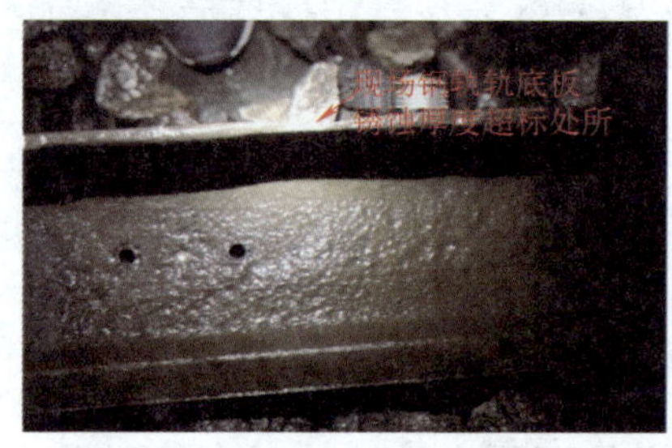

图8-7 钢轨伤损断面

3. 线路养护情况

2019年1月3日,检查工区对K1614+876～K1617+965区段进行手工检查,断轨处所无A、B类超限处所,几何尺寸正常,结构性检查正常。

4. 探伤情况

(1)小型钢轨探伤仪:2018年12月26日,探伤工区使用GT-2+型钢轨探伤仪对该区段线路进行探伤,探伤仪器耦合良好,灵敏度正常,断轨处K1615+160右股铝热焊无异常。通过断轨处所探伤即时速度为0.165 km/h,未超速,波形如图8-8所示。

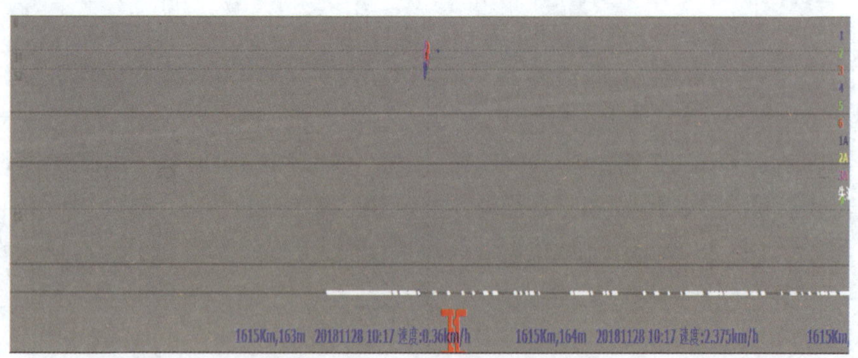

图8-8 小型钢轨探伤仪波形

(2)数据回放分析:2018 年 12 月 27 日,段调度值班室回放员对该日探伤数据进行分析,仪器各通道灵敏度正常,作业情况正常。

(3)焊缝探伤:2018 年 12 月 7 日,探伤工区对焊缝进行探伤,查探伤记录该铝热焊无异常。

5. 检查情况

2018 年 10 月 20 日,铁路局集团公司轨道检查车检查 K1614＋800～K1617＋000 区段,该断口前后 100 m 线路轨道几何尺寸无Ⅱ级超限,Ⅰ级超限 14 处。K1615＋050～K1615＋350 单元扣分 16 分,单元 TQI 值为 11.36 mm,如图 8-9 所示。

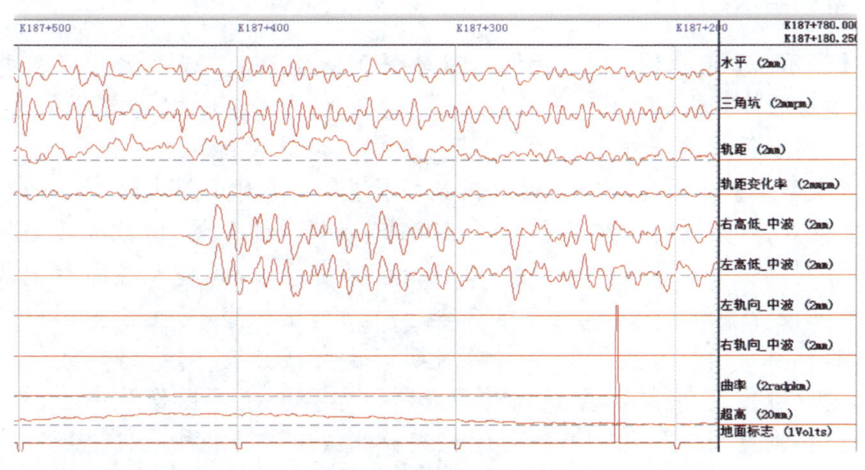

图 8-9　轨道检查车波形

三、原因分析

该地段钢轨为再用上道钢轨,上道前钢轨使用年代较久、通过总质量大,钢轨疲劳,且再用上道前钢轨已接近线路修理规则四级再用轨技术标准。同时,断轨处钢轨(焊缝)位于承受列车偏心荷载较大的缓和曲线下股,在列车冲击作用下,加之近期连续低温天气,钢轨内部应力逐渐增大,导致钢轨在薄弱处应力集中一次性垂直折断。

四、警　　示

(1)抓好再用轨上道管控和重伤轨处置。严格按照《关于规范重伤轨处置及再用轨使用管理的通知》(工电〔2018〕313 号)规范再用轨使用和重伤轨处置要求,特别是落实再用轨上道前由综合机修(轨料)车间收集并统一堆码,允许上道的轨料先进行全面外观检查、整修,再安排探伤合格后才上道使用。对下道的旧轨料集中堆码,并做好标记,禁止重复使用。

(2)加强线路检查养护。特别是轨面修工作,及时处理轨面低塌、吊板、翻浆处所,对伤损处所加强养护,对道床板结处所加强捣固和更换高弹胶垫,对轨面不平顺地段应及时进行打磨,确保轨面平顺,保持轨道弹性,减少钢轨冲击应力。

案例启示

【启示一】钢轨因超大修周期,钢轨强度也会降低,或者因大型养路机械清筛过程中,道床被不正常的扰动、抬道量大,加剧钢轨疲劳伤损的发展,最终在列车巨大冲击作用下,内部应力集中可能导致钢轨折断。

【启示二】加强超大修周期地段钢轨检查:一是对于超大修周期地段钢轨,要重点、定期进行线路养护与手工检查,确保线路质量,防范因线路不良原因加剧钢轨疲劳伤损的发展。二是加密探伤检查,对超大修周期地段钢轨,既要按计划进行探伤,也应结合季节特点加密检查,防止出现因探伤原因引起钢轨折断。三是做好超大修周期钢轨伤损排查,对线路超大修周期钢轨地段进行定期排查,重点针对轨底锈蚀结合全断面探伤及手工外观检查加强伤损判别工作,并对钢轨接头、夹板及线路薄弱处所轨件进行一次全面的外观检查,异型钢轨接头纳入重点部位进行加强探伤和检查。

【启示三】加强超大修周期地段大型养路机械清筛施工时管理:一是对无缝线路大型养路机械清筛施工防断、防胀安全进行认真研判,根据清筛地段钢轨和扣配件情况制定安全防范措施,确保施工作业过程安全。二是抓好工务段大型养路机械清筛施工配合,明确施工地段拆垫、扣配件紧固职责,抓好施工前对接、施工中监督、施工后验收检查,确保施工安全和施工质量可靠。